DELIUS KLASIN

W0289249

Christoph Elbern · Max Hürzeler

MALLORCA
INSEL DES RADSPORTS

Touren · Szene · Tipps

Delius Klasing Verlag

Für ihre Unterstützung bei diesem Buch danken wir:
Hans Bösch, Cornelia Brammen (Übersetzungen), Helmut Thiele, Claus Wachsmann, Birgit Osuna (Mallorca Aktiv), Nils Müller (Mallorca-Magazin), Hennes Roth, Hendrik Neumann, Nicolina Tomic, Manuela Carozzi und vielen anderen.
Redaktionelle Mitarbeit: Antje Krumreich

Bibliografische Information der Deutschen Nationalbibliothek
Die Deutsche Nationalbibliothek verzeichnet diese Publikation in der Deutschen Nationalbibliografie; detaillierte bibliografische Daten sind im Internet über http://dnb.d-nb.de abrufbar.

1. Auflage
ISBN 978-3-7688-5250-0

Redaktion und Text: Christoph Elbern (www.radkult-mallorca.de)

Abbildungsnachweis:
Alle Fotos, soweit nicht anders vermerkt, Privatbesitz

Einbandgestaltung: Buchholz/Hinsch/Hensinger, Hamburg
Layout: Ulrike Heinichen, Kiel
Kartografie: Elsner & Schichor, Karlsruhe
Reproduktionen: Lithotronic, Frankfurt
Druck: Himmer AG, Augsburg
Printed in Germany 2007

Delius Klasing Verlag, Siekerwall 21, D-33602 Bielefeld
Tel.: 0521/559-0, Fax: 0521/559-115
E-Mail: info@delius-klasing.de
www.delius-klasing.de

Ein Gruß von der Insel

Liebe Freunde des Fahrradtourismus,

ich freue mich sehr, Sie als Präsident der Radsportvereinigung der Balearen auf Mallorca begrüßen zu dürfen und Ihnen viel Vergnügen beim Ausleben dieser wunderschönen Leidenschaft zu wünschen, die der Radsport für uns alle darstellt.

Seit vielen Jahren schon empfangen wir jährlich gut 100 000 Radsportler aus ganz Europa. Das liegt unter anderem an einem fantastischen Klima während der Wintermonate, aber auch an den guten Hotelangeboten, einem gut ausgebauten und weit gespannten Netz an Nebenstraßen (perfekt für den Radsport) sowie an einer Geografie, die sich an jedes sportliche Bedürfnis anpasst, ob für Freizeitsportler, Amateure oder Profis.

Ich lade Sie ein, unsere schöne Landschaft mit dem Fahrrad zu erkunden, aber auch unsere Kultur, unsere Bräuche und unsere Gastronomie kennen zu lernen. Darüber hinaus richtet Mallorca als Radsportbasis jedes Jahr zahlreiche Wettbewerbe mit internationalem Charakter und mehr als 100 lokale Radrennen aus. 2007 findet in Palma de Mallorca die Bahn-Weltmeisterschaft statt – in einem neuen Stadion, das eines der besten und schnellsten der Welt sein wird. Sie sind hiermit eingeladen, zu kommen und den Radsport auf Mallorca zu genießen. Wir sehen uns auf der Straße!

Andreu Canals

Presidente de la Federació de Ciclisme de les Illes Balears

Die Möglichkeiten einer Insel

Warum ausgerechnet Mallorca?

Von Christoph Elbern

Früh am Morgen an meinem Heimatflughafen in der Check-in-Schlange. Der übergewichtige Kegelclub vor mir leert die ersten Kümmerlinge. Im rappelvollen Flugzeug nimmt das Gelage seinen Fortgang. Zweieinhalb Stunden später nach dem Landeapplaus der mittlerweile Betrunkenen endlich raus aus der Billigfliegertube. Am Flughafen in Palma ewig auf Koffer und Rad warten, bis es schließlich mit dem Transferbus durch die hässlichen Vororte von Palma geht, später vorbei an Hotelburgen aus Beton. Ich bin müde und genervt.
Da frage ich mich dann schon: Warum ausgerechnet Mallorca?

Ende Oktober. Früh am Morgen fahre ich allein vom Norden Richtung Südosten über sanfte Hügel gen Petra. Es liegt noch ein bisschen Feuchtigkeit in der Luft. Nebel kann man das kaum nennen. Ich friere noch ein wenig an den Beinen und bin froh, die Armlinge übergezogen zu haben. Aber die Sonne arbeitet sich durch den Dunst, und in spätestens einer Stunde wird sie mich wärmen und weitere zwei Stunden später zum Schwitzen bringen.
Es ist so romantisch, auf Mallorca Rennrad zu fahren.

Hunderttausend Rennradfahrer kommen jährlich zum Trainieren nach Mallorca.

Bei sengender Hitze im Mai schraubst du dich die langen Anstiege an der Westküste hoch. Gierig nach jedem Schatten spendenden Baum. Alle paar Meter saugst du an der Flasche und hoffst, dass sie bis oben reicht. Jeden, der dir in rasanter Talfahrt entgegenkommt, beneidest du. Und jeden, der scheinbar mühelos an dir vorbeizieht, verfluchst du, weil seine Leistung den letzten Rest deiner Motivation frisst. Dein Helm baumelt am Lenker, der Schweiß tropft aufs Oberrohr, und du fragst dich, warum du nicht am Strand geblieben bist, wo eine sanfte Brise und das Mittelmeer Kühlung bringen.
Es kann so herrlich anstrengend sein, auf Mallorca Rennrad zu fahren.

Es ist aufregend, mit 64 Stundenkilometern den Puig Major hinunterzubrettern. Die Touristenautos und -busse sorgen zusätzlich für Spannung. Der Wind pfeift mir in den Ohren. Volle Konzentration auf die Strecke. Jedes Felsbröckchen, jeder Ölfleck, jede verirrte Ziege kann mein Ende bedeuten. Aber denkt man in diesem Moment eigentlich darüber nach? Male ich mir aus, was passiert, wenn einer aus der Gruppe mich zu eng überholt und mit der Schulter erwischt? Nein. Im Kopf gibt es keine Vergangenheit und keine Zukunft in diesem Moment. Und erst recht keine Katastrophe. Eine Wespe klatscht gegen meinen Oberschenkel. Sie wird zustechen, wenn ich sie nicht sofort wegwische. Aber wenn ich eine Hand vom Lenker loslasse? – Die Wespe sticht. Es schmerzt noch viel mehr, wenn man darauf vorbereitet ist. Der Stich wird schnell wieder verheilen. Und ich habe eine Geschichte mehr – abends an der Bar.
Eine verdammt nervenaufreibende Sache, auf Mallorca Rennrad zu fahren.

Gut ausgebaute Straßen bieten ideale Bedingungen.

Ich fahre mit einer großen Gruppe durch Sineu. Vorbei an der Schule, es ist gerade Pause. Die Kinder rennen an den Zaun, brüllen rum, feuern uns an als wäre Mallorca-Rundfahrt. Auf einer einsamen Landstraße überholen wir als Gruppe ein altes Väterchen, das mit seinem rostigen Drahtesel auf dem Weg zu seinem Frühstücksschnaps ist. Wir feuern ihn an, der Alte gackert ein zahnloses Lachen. Dann überholen wir eine andere Gruppe. Wir hauen uns Sprüche um die Ohren und fordern uns gegenseitig zum Wettkampf auf. 20 Erwachsene in bunten Hemdchen können zu Kindern werden, wenn sie auf dem Rad sitzen.
Rennradfahren auf Mallorca kann sogar lustig sein.

Jan Ullrich, Ex-Legende

Die sachlichen Gründe für Rennradfahren auf Mallorca sind schnell aufgezählt: Die Insel liegt nah und ist preiswert zu erreichen. Flüge gehen von allen mitteleuropäischen Städten fast im Halbstundentakt. Hotels gibt es reichlich, die Straßen sind ausgezeichnet. Außerdem gibt es Strecken für jede Gangart. Flach, steil, windig, romantisch. Es gibt Ziele, die es sich anzufahren lohnt. Das Klima ist von Februar bis Oktober einigermaßen stabil.

Wichtiger sind die emotionalen Gründe: Eine Insel ist endlich. Es gibt Enden, an denen man ankommen kann. Das sind Erfolge für leidenschaftliche Kilometerfresser. Wer in der Toskana oder in der Provence seine Runden dreht, dem bleibt immer das Gefühl, dass es hinter dem Horizont ja eigentlich noch weitergeht. Eine Insel endet nach ein paar Kilometern zwangsläufig am Meer. Und so wird eine Insel schnell vertraut.

Eine Insel hält die Leute zusammen. Auf Mallorca heißt das: Tausende von Radfahrern, die sich immer wieder begegnen. Dieses Wir-Gefühl: In jedem Radler in gebückter Haltung sieht man schnell einen Verwandten. Der Radsportler ist ein Herdentier. Immer auf der Suche nach dem Peloton, das menschliche Nähe und Windschatten bringt. Da muss man hier nicht lange suchen. Radtourismus auf Mallorca ist Massentourismus, wie man ihn sich wünscht: Die Masse ist überschaubar, und alle haben die gleiche Macke.

Geben wir es ruhig zu: Die Tatsache, dass die Profiteams in den gleichen Hotels wohnen und auf den gleichen Strecken trainieren wie die Jedermänner und -frauen, erzeugt schon so etwas wie Zusammengehörigkeitsgefühl. Bei den Hobbyfahrern – weniger bei den Profis. Wer sagt zu Hause schon, er fahre in den Aktivurlaub? Lieber nennen wir das doch: Trainingslager.

Die Straßen schlängeln sich in vielen Serpentinen durch die Bergwelt Mallorcas.

Wie alles begann

Die Geschichte des Radtourismus auf Mallorca

Von Dennis Hürten

Mallorca und der Radsport haben eine besondere Beziehung zueinander. Nicht erst seit Kurzem: Erste bescheidene Anfänge eines mallorquinischen Radsports können gar bis zum Ende des 19. Jahrhunderts zurückverfolgt werden. Auch der erste Sieg eines Mallorquiners bei den spanischen Meisterschaften ließ nicht lange auf sich warten. Ein gewisser Jaime Mayol holte diesen Titel bereits 1913 auf die Insel. Wirklich populär wurde der Radsport dann allerdings erst in den 1950er-Jahren, in denen Männer wie Guillem Timoner und Miguel Bover mit ihren Siegen bei Weltmeisterschaften und Tour de France-Etappen zu mallorquinischen Legenden emporstiegen. Kein Wunder, dass diese Zeit seitdem auch als »l'època d'or del ciclisme mallorquí«, als »goldene Epoche des mallorquinischen Radsports« bezeichnet wird.

Sportler des Jahres 1955: Guillem Timoner aus Felanitx

Die auf Mallorca schon zu einem frühen Zeitpunkt entfachte Liebe für den Radsport ist auch heute noch ungebrochen. Radsport ist direkt nach dem Fußball die zweitbeliebteste Sportart auf der Insel. Hiervon zeugen beispielsweise die vielen einheimischen Radsportler, die sich auf der Insel tummeln. Ein weiteres Indiz der Radsportverbundenheit der Insulaner zeigt sich darin, dass es auf dem gerade einmal 3640 Quadratkilometer großen Eiland insgesamt 55 Radsportvereine mit 1600 lizenzierten Radsportlern gibt. Fast jedes Dorf verfügt über seinen eigenen Verein und richtet sein eigenes Rennen aus: eine Tatsache, die sich auch in dem äußerst dichten Rennkalender widerspiegelt, der mit der Vuelta a Mallorca im Februar und der Mallorca Trophy im Oktober seine Highlights hat.

Dass sich Mallorca bestens zum Radfahren eignet, wissen längst nicht mehr nur die Mallorquiner selbst: Es hat sich in den letzten 20 Jahren vielmehr in ganz Europa und noch darüber hinaus herumgesprochen. Neben Deutschen, Schweizern, Österreichern, Engländern, Franzosen, Belgiern, Niederländern, Luxemburgern, Skandinaviern und Osteuropäern wissen auch die Nordamerikaner Mallorca mittlerweile als fantastische Rad-Destination zu schätzen. So kommen je nach Jahr etwa 60 000 bis 100 000 Urlauber mit dem Ziel nach Mallorca, die schönste Zeit des Jahres größtenteils im Fahrradsattel zu verbringen. Viele von ihnen sind dabei Wiederholungstäter, die schon seit etlichen Jahren auf die Insel kommen.

Die ersten Radsportler auf der Insel waren freilich Profis und Amateure, die hier ihr Frühjahrstraining absolvierten. Bereits während der 1960er-Jahre lernten sie das milde mediterrane Klima, das abwechslungsreiche Terrain und die gut ausgebauten, wenig befahrenen Straßen schätzen.

Die allgemeine Tourismusentwicklung der Baleareninsel kam diesem Trend entgegen. So verfügte Mallorca schon zu einem recht frühen Zeitpunkt über häufige und regelmäßige Flugverbindungen.

Wie die Strand-und-Meer-Urlauber auch, stammten die ersten Radsportler vor allem aus deutsch- und englischsprachigen Ländern. Zu den ersten deutschen Radpionieren der Baleareninsel zählt der aus Wuppertal stammende Amateurfahrer Hans Werner Kolling, der bereits 1965 mit der deutschen Bahn-Nationalmannschaft nach Mallorca reiste, um für diese dort ein Trainingslager zu organisieren. Bis zum Ende der 1970er-Jahre fanden aus den oben genannten Gründen immer mehr Amateure und Profis ihren Weg auf die Insel, um dort während der Winter- und Frühjahrsmonate zu trainieren. Um organisierte Radsportcamps für Hobbyfahrer aller Couleur, wie man sie heute überall auf Mallorca vorfinden kann, handelte es sich dabei aber noch nicht. Diese wurden erstmals zum Beginn der 1980er-Jahre veranstaltet.

Unterwegs in den Bergen

Die Idee hierfür stammte einerseits von den Amateuren und Profis selbst, wurde aber auch von solchen Radsportlern vorangetrieben, die auf keine Karriere im Radsport zurückblicken konnten. Das Motto zu dieser Zeit lautete ganz klar: »Was für Profis gut ist, kann für Hobbyfahrer ja nicht schlecht sein!«

Neben den besonderen Gunstfaktoren Mallorcas, die die Insel für Radsporturlaube geradezu prädestinieren, waren noch weitere Gründe mit dafür verantwortlich, Mallorca zu einem Radsport-Eldorado ersten Ranges werden zu lassen. Insbesondere die seit den 1980er-Jahren wiedererstarkte Fitnesswelle, gepaart mit einer langsam steigenden Popularität des Radsports, sorgte in den darauffolgenden Jahren dafür, dass sich mehr und mehr Europäer für diese Sportart zu interessieren begannen. Neben seiner ohnehin vorhandenen

Bedeutung als Nahverkehrsmittel erlebte das Fahrrad zu dieser Zeit einen ersten Bedeutungszuwachs als Freizeit- und damit auch als Urlaubssportgerät. Die Folge hiervon war, dass europaweit erste kleine Spezialreiseveranstalter entstanden, die sich auf Radreisen konzentrierten.

Die ersten Pauschalradsportreisen mit Ziel Mallorca waren bereits 1981 buchbar. Darüber verirrte sich aber nur eine Handvoll Radler auf die Insel. Bis zur Mitte der 1980er-Jahre nahm die Zahl der kleinen Radreiseveranstalter rasch zu. Neben den aus der Schweiz und Deutschland stammenden Firmen gab es auch einen kleinen englischen Reiseveranstalter, der im Frühjahr ein Trainingscamp für Radsportler anbot.

Die Hotels, in denen die ersten Radreisenden unterkamen, lagen anfänglich noch alle an der Platja de Palma selbst oder in deren unmittelbarer Nähe. Ein Hotel, das hierbei schnell zu einem beliebten Ziel für Radreisende wurde, ist das südlich von Cala Blava gelegene Hotel Delta. Hier organisierte der Schweizer Max Hürzeler im Jahre 1986 erstmals ein Frühjahrstraining und legte damit den Grundstein für ein bis heute florierendes Geschäft. Als ehemaliger Weltrekordler der Steher, der selbst jahrelang zum Trainieren nach Mallorca gereist war, wusste er von Anfang an, worauf es ankommt, um im Radsporttourismus erfolgreich sein zu können.

Neben ehemaligen Fahrern wie Kolling und Hürzeler begannen aber zu dieser Zeit auch nicht aus der Radsportszene stammende Akteure, Radurlaube auf Mallorca anzubieten. Einer von ihnen ist der aus Deutschland stammende Eberhard Messling, Inhaber eines großen Reisebüros in Essen. Als leidenschaftlicher Hobbyradfahrer organi-

Demo für mehr Radlersicherheit Anfang der 1990er-Jahre

sierte er 1984 seine erste Radreise, bei der er drei zahlende Kunden mit an die Platja de Palma nehmen durfte.

Nachdem der Grundstein für den mallorquinischen Radsporttourismus gelegt war, entwickelte sich dieser langsam von Jahr zu Jahr weiter. Die Gästezahlen stiegen, und hier und da gesellte sich ein neuer Veranstalter hinzu. Von einem Radboom konnte zu dieser Zeit aber noch nicht die Rede sein. Dieser setzte erst zur Mitte der 1990er-Jahre ein, als sich die Entwicklung rasant zu beschleunigen begann. Neben weiterhin steigenden Gästezahlen stieg auch die Anzahl der Radreiseveranstalter, die Mallorca als lukrative Destination für sich entdeckten, zu dieser Zeit erheblich an. Neben Rennradcamps, die bis heute das Bild des Radtourismus auf der Insel bestimmen, gesellten sich auch erste Veranstalter hinzu, die das Potenzial Mallorcas für Mountainbikeurlauber erkannt hatten.

Ein Pionier der im Vergleich zum mallorquinischen Rennradtourismus nach wie vor kleinen Mountainbikeszene der Insel ist der Deutsche Michael Nies. Als exzellenter Kenner Mallorcas, der selbst für längere Zeit auf der Baleareninsel lebte, bot er dort im Jahr 1994 erstmalig organisierte Mountainbikeurlaube an. Um dem Wunsch vieler Mountainbiker nach einem möglichst individuellen Erlebnis auf dem Rad zu entsprechen, veröffentlichte er 2000 auch den ersten Mountainbike-Guide Mallorcas. Hiermit brachte er erstmals Licht in die nahezu unüberblickbaren, sehr klein parzellierten Besitzverhältnisse der Baleareninsel, die bis dahin so manchen unerfahrenen Mountainbiker, der sein Glück auf eigene Faust versucht hatte, an der Weiterfahrt hinderten.

Die starke Zunahme der Radreiseveranstalter seit Mitte der 1990er-Jahre führte dazu, dass sich der Radtourismus stärker über die gesamte Insel verbreitete. Die an der Bucht von Alcúdia gelegenen Orte Port d'Alcúdia und Can Picafort wurden von dieser Entwicklung als erste erfasst. Insbesondere die an der Platja de Muro gelegenen Hotels, in denen Max Hürzeler sein neues Radsportzentrum einrichtete, entwickelten sich zu einer attraktiven Alternative zu den an der Platja de Palma gelegenen Radsporthotels.

Neben der Bucht von Palma und der Bucht von Alcúdia bildete sich in den folgenden Jahren noch ein weiteres Zentrum für Radurlauber heraus. Dieses liegt im Südwesten Mallorcas und umfasst vor allen Dingen die Ortschaften Palma Nova, Magaluf, Santa Ponça und Peguera. In Palma Nova bietet der ehemalige irische Tour de France-Sieger Stephen Roche seit Mitte der 1990er-Jahre jedes Jahr ein mehrmonatiges Trainingscamp an, das hauptsächlich von Briten, Iren, Amerikanern und Franzosen geschätzt wird. Im angrenzenden Magaluf arbeitet der ehemalige Hürzeler-Angestellte Philipp Egli inzwischen auf eigene Rechnung.

Überhaupt erweist es sich als Effekt des Erfolges, dass Mitarbeiter nach erfolgreichen Lehrjahren bei großen Veranstaltern ihr Glück auf eigene Faust versuchen. Mal mit mehr, mal mit weniger Erfolg. Der Bekannteste von ihnen ist sicherlich der aus Maastricht stammende Niederländer Fred Rompelberg, den Hürzeler Anfang der 1990er-Jahre auf

Keine Parkplatzprobleme

die Insel geholt hatte. Rompelberg, genau wie Hürzeler ein ehemaliger Bahnfahrer, erkannte schnell, welches Potenzial Mallorca zu dieser Zeit noch in puncto Radtourismus besaß und eröffnete 1993 seine eigene Firma mit Sitz in Arenal. Durch seine Popularität als schnellster Radfahrer der Welt – den Weltrekord mit 268 km/h hatte er 1995 auf einem ausgetrockneten Salzsee bei Utah aufgestellt – gelang es ihm gemeinsam mit den übrigen Radurlaubanbietern, zum weiteren Anstieg der Radtouristenzahlen beizutragen.

Rompelberg, der seinen ehemaligen Chef Hürzeler auch heute noch hochachtungsvoll den »Kaiser von Mallorca« nennt, weiß ganz genau, welch wichtigen Dienst der Schweizer der Baleareninsel in Sachen Radtourismus geleistet hat. Dass der mallorquinische Radsporttourismus heute von vielen Radsportlern als Qualitätsprodukt empfunden wird, ist zu einem großen Teil Unternehmern wie dem schweizerischen Pionier zu verdanken.

Wird es dieser auch nicht gerne gesehen haben, dass die zunehmende Konkurrenz zum Teil auch aus den eigenen Reihen stammte, war diese Entwicklung zu mehr Veranstaltern für Mallorca als Radtourismus-Destination insgesamt von großem Vorteil. Getreu der Devise: »Konkurrenz belebt das Geschäft!« entwickelte sich auf Mallorca ein sehr reichhaltiges radtouristisches Angebot, das nahezu keine Wünsche offen lässt: Außer den traditionellen Radtrainingscamps für Rennradfahrer, die immer noch den Schwerpunkt aller Radurlaube ausmachen, findet man heute noch diverse Angebote für Mountainbiker, Touren- und Trekkingradfahrer sowie Triathleten.

Auch die nicht über einen speziellen Radreiseveranstalter buchende Mehrheit der Radtouristen Mallorcas profitiert heute stark von der durch die Pioniere eingeleiteten Entwicklung. Vor allem in infrastruktureller Hinsicht können sich die Individualisten für die geleistete Vorarbeit bedanken. Neben den vielen Radhotels, Radstationen, Radkellern und Fahrradverleihen hat auch die Inselverwaltung in den letzten Jahren verstanden, welch wichtige Zielgruppe die Radurlauber mittlerweile darstellen, und stark in den Ausbau eines Radwege- und Radstraßennetzes, des sogenannten »red cicloturística«, investiert. So finden sich mittlerweile über 200 km gut ausgebauter und beschilderter Radwege und Radstraßen auf Mallorca.

Nachdem sich der mallorquinische Radtourismus während der vergangenen zwei Jahrzehnte deutlich positiv entwickeln konnte, war mit dem Übergang ins neue Jahrtausend erst einmal der Höhepunkt der Entwicklung erreicht. Ereignisse wie die neu eingeführte und heftig umstrittene Ökotaxe, die Terroranschläge auf das World Trade Center in New York und die konjunkturelle Lage in den touristischen Quellgebieten gingen auch am mallorquinischen Radtourismus nicht spurlos vorüber – wenn auch nicht mit gravierenden Folgen.

Sind die Jahre des rasanten Wachstums mittlerweile auch vorbei, so findet sich dennoch jedes Jahr eine große Fan-Gemeinde auf Mallorca ein, die die Vorzüge der Insel sehr zu schätzen weiß. Neben denjenigen, die bereits zum zwanzigsten und dreißigsten Mal ihren Urlaub im Frühjahr oder Herbst auf Mallorca verbracht haben, findet jedes Jahr auch wieder eine große Zahl von Radurlaubern ihren Weg auf die Insel, die diese erst noch für sich entdecken will. Und sie kommen längst nicht mehr nur im Frühjahr. Auch die Herbstmonate gehören mittlerweile fest zur mallorquinischen Radsaison. Die Zukunft der Insel des Radsports scheint somit erst einmal gesichert zu sein. Insbesondere durch die Tatsache, dass Mallorca mittlerweile in allen Belangen über die nötige Infrastruktur verfügt, die einen »Rundum-sorglos«-Radurlaub ermöglicht. Solange sich keine andere Destination anschickt, Mallorca den Rang als mediterranes Radsportparadies ablaufen zu wollen, werden sich wohl auch in Zukunft die Radkoffer am Gepäckband Nr. 10 des Inselflughafens Son Sant Joan stapeln.

Dennis Hürten, Diplom-Geograf aus Köln, hat eine Dissertation über Radtourismus auf Mallorca verfasst. Seine Agentur Sportscape (www.sportscape.de) betreibt Marktforschung und Marketingberatung für Sport und Tourismus.

Gruppendynamik: Hans »Silberfuchs« Bösch (3. v. l.) mit Anhang

Von Promis und Zitronen

Erinnerungen aus 20 Jahren Mallorca

Von Max Hürzeler

Man kann sich das heute gar nicht mehr vorstellen, wie wir vor über 20 Jahren hier Rad gefahren sind. Mallorca hatte damals noch den Ruf der Putzfraueninsel, und ich war schon einigermaßen verwundert, als mich ein paar Schweizer Geschäftsleute 1982 fragten, ob ich sie nicht auf Mallorca ein wenig trainieren wolle. Das Wetter lockte sie und die Landschaft. Ich hatte mich damals noch gar nicht mit der Insel beschäftigt.

Ich war damals auf dem Höhepunkt meiner Profikarriere, fuhr Meisterschaften und Sechstagerennen in der Schweiz und überall in Europa. Ich nahm das Angebot an, ohne genau zu wissen, was mich erwartete. Schließlich war es ein guter Job, und er bot ein paar Trainingseinheiten obendrauf. Außerdem war ich neugierig, wie es sich denn an der Platja de Palma Rad fahren ließe. Ein paar Straßenteams und Bahnfahrer hatten damals die Insel schon entdeckt, aber das waren noch eher Exoten.

Wir mieteten uns im Hotel Delta in Cala Blava ein und fuhren einfach los. Ich hatte auf der Karte ein paar Strecken aufgezeichnet, in der Hoffnung, dass da wenig Verkehr war. Es war April und außer einer Menge Rentner, die den ganzen Tag am Strand lagen oder in Cafés saßen, war nicht viel los auf der Insel. Also gaben wir Gas und rasten wie die Irren durch die Landschaft. Mit 20 Mann starteten wir, und nach 100 Kilometern kamen noch zwei zusammen an. Wir hatten alle einfach nicht die Disziplin, um zusammenzubleiben.

Aber es war ein Anfang, und ich lernte die Insel kennen und lieben. Es faszinierte mich, wie man mitten aus dem Touristentrubel heraus in malerische Landschaften und verschlafene Dörfer

Max Hürzeler, Steherweltmeister 1987

fahren konnte. Über einsame und holprige Straßen unter einem immerblauen Himmel.

Damals glaubte ich noch nicht ernsthaft daran, dass Radfahren auf Mallorca auch ein touristisches Geschäft sein könnte. Ich verdiente mein Geld damals neben dem Radsport mit der Produktion von Sportbekleidung, hatte bereits Produktionsstätten in Thailand eröffnet.

Aber dann folgte der ersten Gruppe eine zweite, der Bedarf zeichnete sich langsam ab, und ich begann mich für die Sache auch als Geschäftsmann zu interessieren. Was konnte mir auch Besseres passieren, als mit dem Radfahren unter der Mittelmeersonne meinen Lebensunterhalt zu verdienen?

1987 wurde ich Steherweltmeister in Wien. Das war der größte Tag in meiner sportlichen Laufbahn. Ich hatte eigentlich alles erreicht, was ich mir als Bahnfahrer erträumen konnte, und musste mit nunmehr 33 Jahren gleichzeitig langsam ans Aufhören denken. Und so fing ich an, den Radtourismus auf Mallorca zu meinem neuen Geschäft zu entwickeln. Ich trat auf dem Höhepunkt meiner Karriere als Weltmeister zurück.

Es gab inzwischen auf Mallorca bereits kleine Veranstalter und vereinzelt Hotels, die sich mit dem Thema beschäftigten. Da waren einige exklusive, die Profi- und Amateurteams betreuten, und einige, die gemächliche Radtouren organisierten. Ich positionierte mich dazwischen. Ich wollte ambitionierten Hobbyfahrern eine Infrastruktur und einen Service zum stressfreien Training bieten. Gute Rennräder mussten her, eine professionelle Betreuung und Tourenleiter. Die Kapazitäten im Flugzeug, was den Transport von Rädern anging, wurden mit dem stetig zunehmendem Radtourismus auf Mallorca immer geringer. So kaufte ich nach fünf Jahren die ersten 50 Mieträder für unsere Gäste.

Ende der 1980er-Jahre war die Auswahl an sicher befahrbaren Straßen auf der Insel noch nicht annähernd so groß wie heute. Viele Nebenstraßen waren nicht asphaltiert, die Hauptverkehrsstraßen waren teilweise in miserablem Zustand. Anfangs waren die Autofahrer noch recht rücksichtsvoll und duldeten die Radler. Ende der 1990er-Jahre und Anfang 2000 war es dann endgültig vorbei mit der Geduld. Und weil es die Autobahn Palma–Inca beziehungsweise bis nach Alcúdia noch nicht gab, rollte der gesamte Fernverkehr mit spanischer Rücksichtslosigkeit über die Landstraßen. Der mallorquinische Autofahrer war den Kontakt mit Radgruppen noch nicht gewohnt und reagierte mit Hupen, Schneiden, Ausbremsen und anderen riskanten Manövern. Heute hat sich das dank des neuen Autobahnnetzes gelegt, und Landstraßen können ohne Angst und Stress befahren werden.

Die Nachfrage wuchs weiter. Immer mehr Profis aus Spanien, Deutschland, Belgien, Frankreich und der Schweiz entdeckten den Januar und den Februar auf Mallorca als ideale Trainingsmonate. In ihrer Folge kam dann im März die wachsende Zahl der Hobbyfahrer. Viele Schweizer, immer mehr Deutsche. Ich hatte 1987 im Hotel Delta bereits eine feste Station eingerichtet, die im Frühjahr und Herbst bis zu 250 Sportler versorgte. In den folgenden Jahren kamen die Hotels Playa de Muro und Park Natural in Alcúdia, Royal Mediterraneo in Sa Coma, Gran Vista in Picafort und Pueblo Park in Platja de Palma dazu.

Heute hat Max Hürzeler Bicycle Holidays sechs Stationen auf Mallorca, und 15 angeschlossene Hotels beherbergen circa 20 000 Radsportler pro Jahr.

Ich sehe im Radsport auf Mallorca noch etwas Wachstumspotenzial. Und die mallorquinische Verwaltung tut inzwischen viel dafür. Die vielen asphaltierten Nebenstraßen, die verbesserte Abfertigung für Räder am Flughafen in Palma, die ausgeschilderten Radrouten, einige radfreundliche Verkehrsregeln – die Radsportler sind als zahlungskräftige und umweltfreundliche Zielgruppe, die überdies eher antizyklisch zu den Strandtouristen auf die Insel kommt, äußerst beliebt. Und nicht zuletzt wirken sich auch die neuen Autobahnen, die die Infrastruktur auf Mallorca zusehends verbessert haben, positiv auf den Tourismus auf der Insel aus.

Ich bin sicher, dass sich die Radsportwelt auf Mallorca noch weiter entwickeln wird und ihren Zenit noch längst nicht erreicht hat. Wir beobachten unter unseren Gästen immer mehr Menschen jeden Alters und vor allem Frauen, die bei uns erstmals mit dem Radsport überhaupt in Berührung kommen und dann dabei bleiben. Für sie schaffen wir Angebote, die jenseits von Kilometerfressen und Schnittvergleichen die langsamere Gangart bieten und neben Sport auch Natur und Kultur.

In den vielen Jahren, in denen ich nun schon auf Mallorca lebe, habe ich natürlich eine Menge erlebt. Ich könnte Seiten füllen mit lustigen Anekdoten, Begegnungen und Storys. Ich hätte sie aufschreiben sollen. Als Greis könnte ich mir dann das Büchlein zur Hand

Viele Schilder weisen den richtigen Weg.

nehmen, mich in meinem Ohrensessel zurücklehnen und beim Lesen der Geschichten all die lustigen Erlebnisse noch einmal Revue passieren lassen.

Fragt man mich nach Kuriositäten, fällt mir sofort der ein oder andere Schwank ein:

Vor ungefähr 15 Jahren war ich mal mit einer Amateurgruppe aus Dortmund unter der Leitung von Hennes Junkermann (ehemaliger Profiradfahrer) irgendwo auf der Insel unterwegs. Hennes führte die Gruppe, also musste er auch ganz vorne im Wind fahren. Ich gesellte mich zu ihm. Wir strampelten und strampelten, mussten ordentlich gegen den verdammten Wind ankämpfen. Seit mehreren Kilometern versteckte sich hinter uns ein Fahrer im Windschatten, ohne auch nur Anstalten zu machen, die Führung zu übernehmen. Schon leicht stinkig fragte ich Hennes, wer zum Teufel sich schon seit Stunden, so kam es mir jedenfalls vor, an meinem Hinterrad ausruhe. Junkermann drehte sich um und stellte den Kerl zur Rede. Und was macht der? Schaltet auf den großen Kranz, und das nicht nur vorne, nein, auch hinten! Mit einem Affentempo rast er an uns vorbei und fährt 150 Kilometer alleine und natürlich im Wind zurück zum Hotel Delta. Trotz größter Bemühungen konnten wir den Kerl nicht mehr einholen. Von diesem Tage an wusste Hennes, der wird mal ein ganz Großer. Heute ist Erik Zabel einer der erfolgreichsten Rennfahrer weltweit. Und die Insel hat ihn wohl schon damals in ihren Bann gezogen. Ganz in der Nähe des Hotels Delta besitzt er nun ein nettes Häuschen und fühlt sich hier schon wie zu Hause.

Auch mit Rudi Altig verbindet mich so manche lustige Erinnerung. Vor einigen Jahren hatte ich ihn nach Mallorca eingeladen, natürlich zum Radfahren. Am dritten Tag seines Aufenthaltes bat er mich, ich solle zur nächsten Tour doch bitte einen Rucksack mitbringen. Das Fragezeichen in meinem Gesicht war wohl kaum zu übersehen. Warum um Himmels willen sollte ich einen Rucksack mitschleppen, wir sind doch keine Touris? Egal, ich tat, was er wollte, ohne den Grund dafür zu wissen. So radelten wir los. Ich mit einem Rucksack auf dem Rücken und Rudi scheinbar in Vorfreude auf was auch immer kommen mochte. Wenige Kilometer

Rudi Altig (unten) beim Zitronenpflücken

außerhalb von Santa Margalida hielt Rudi plötzlich an und verlangte den Tragebeutel. Ich blickte mich um und entdeckte lediglich Zitronenbäume. Noch bevor ich begriff, was Rudi vorhatte, hing er im Baum und klaute Zitronen. Seine Begründung: »Das sind weltweit die besten Zitronen.« Woher er das wohl wusste, hatte er sie schon alle probiert? Ich half ihm beim Pflücken und schaute mich immer wieder um, ob mich auch ja keiner erkennt. Danach habe ich nie wieder an einem Zitronenbaum angehalten.

Immer wieder hört man, Radprofis ernähren sich sehr bewusst, gesund und ausschließlich von Nudeln. Na ja, jedenfalls während der großen Rundfahrten und im Trainingslager. Das damalige spanische Profiteam Banesto mit den Tour-Siegern Induráin und Delgado war einige Male zum Training auf Mallorca. Die Sportler standen ständig unter strengster Beobachtung durch die Teamleitung. Auf dem Programm standen nicht nur viele Radkilometer, sondern auch der tägliche Gang auf die Waage. Und wehe, jemand hatte zugenommen. Dabei durften die armen Jungs noch nicht mal das Hotel-Buffet genießen, aus Angst, sie könnten etwas Falsches oder Ungesundes essen. Serviert wurde das Mahl von dem Sportlichen Leiter. Und gegangen wurde erst, wenn alle fertig waren. Dass das »Sportlermenü« nicht immer schmeckte und vor allem auch nicht wirklich abwechslungsreich war, kann sich wohl jeder vorstellen. So hatte der ein oder andere die gesunden Speisen satt und ließ sich was einfallen, um dem Ganzen zu entkommen. Pedro Delgado wartete stets so lange, bis alle Mannschaftskollegen einschließlich Teamleitung den Speisesaal verlassen hatten. Er setzte sich dann zu uns Gruppenleitern an den Tisch und zog sich zur Tarnung ein Hürzeler-Trikot über. Seine Bestellung ging schnell und war völlig unkompliziert zuzubereiten: eine große Portion Pommes. Und das jeden Abend. 1998 gewann Delgado die Tour de France trotz der Fritten.

Dass auf Mallorca Deutsch zur Verständigung ausreicht und man nicht unbedingt Spanisch sprechen muss, ist wohl jedem bekannt. Als Schweizer hat man es allerdings weniger leicht. In meiner Boutique auf Mallorca stellte ich eine neue Verkäuferin ein, eine Schweizerin. Eines Tages stürmte ein deutscher Gast in den Laden und fragte nach einem Mantel. Sie antwortete: »Wir haben leider nur Regenjacken.« Das Gesicht des Kunden kann man sich gut vorstellen. Andere, die des Hochdeutschen wie des Schweizer Fahrradvokabulars mächtig waren, amüsierten sich köstlich. Das Missverständnis klärte sich schnell auf, und der Gast bekam seine »Pneus«, wie das Schweizer Wort für Fahrradmäntel (oder -reifen) lautet.

Max Hürzeler beim Training auf »seiner« Insel

Hotelplan

Was sind denn das für Leute?

Kleine Typologie der Mallorca-Radfahrer

Von Dennis Hürten

Ein von Radfahrern viel gepriesener Vorzug Mallorcas ist das abwechslungsreiche Terrain, das die Insel für sie bereithält. Neben flachen Passagen im Inselinneren und entlang der Küste finden sich auch leicht welliges bis hügeliges Terrain im Süden und Osten sowie knackige Anstiege im Norden. Es spielt also keine Rolle, welche Geländeform man fürs Radfahren bevorzugt: Auf Mallorca wird man auf jeden Fall fündig.

So vielfältig wie die Landschaft der Insel, so unterschiedlich sind auch die Radfahrer, die der Insel jedes Jahr einen mehrtägigen Besuch abstatten. Wird auch mehrheitlich Deutsch gesprochen, geht es insgesamt betrachtet sehr international zu. Neben Deutschen, die etwa die Hälfte bis zwei Drittel der gesamten Radurlauber Mallorcas ausmachen, findet sich noch eine große Palette weiterer Nationen jedes Jahr auf der Insel ein. Allen voran sind hier Skandinavier, Briten, Schweizer, Belgier, Niederländer und Österreicher zu nennen, die zusammengenommen etwa ein Drittel der Radurlauber Mallorcas stellen.
Neben diesen am stärksten vertretenen Gruppen finden aber noch weitere Nationalitäten ihren Weg auf die Insel: Amerikaner und Kanadier, die je nach Wechselkursverhältnis mal mehr und mal weniger zahlreich zum Radfahren nach Mallorca reisen.

Typische Marktplatzszene im April

Wie bei den die Sonne und den Strand bevorzugenden Urlaubergruppen, die nach wie vor die Hauptkundschaft der Baleareninsel bilden, nimmt auch bei den Radtouristen die Zahl der Osteuropäer zu, die Mallorca für sich entdeckt haben: neben Polen und Tschechen auch Radurlauber aus den baltischen Staaten.

Abgesehen von ihrer Herkunft unterscheiden sich die mallorquinischen Radurlauber aber auch auf andere Weise sehr deutlich voneinander: Allem voran fällt auf, dass sich Mallorca in puncto Rad fahren nach wie vor fest in Männerhand befindet. Obwohl der Anteil der Frauen in den vergangenen Jahren um etwa zehn Prozent angestiegen ist – die Werbekampagnen einiger Radreiseveranstalter und die Überzeugungsarbeit des einen oder anderen Lebensgefährten dürften hierbei behilflich gewesen sein –, sind auch heute noch ungefähr drei Viertel der jedes Jahr auf Mallorca in die Pedale tretenden Urlauber Männer.

Obwohl Mallorca eine Rad-Destination der ersten Stunde ist und viele der heutigen Urlauber nicht zum ersten Mal mit dem Fahrrad die Insel umrunden, sind diese nicht stärker vergreist, als der Durchschnitt der europäischen Bevölkerung. Dies liegt daran, dass jedes Jahr rund ein Drittel der Radurlauber zum ersten Mal ihren Weg nach Mallorca finden. Und diese Rookies senken den Altersdurchschnitt, der heute bei ungefähr 41 Jahren liegt. Dennoch steigt der Anteil der über 60-Jährigen, der demografischen Entwicklung der europäischen Bevölkerung entsprechend, allmählich an. Vom Ende der 1990er-Jahre bis heute hat er sich ungefähr verdoppelt und liegt aktuell bei rund sieben Prozent.

Ein weiterer Punkt, in dem sich die Mallorca-Radler recht stark voneinander unterscheiden, ist die Frage, ob sie ihren Urlaub lieber gut betreut oder selbst organisiert verbringen möchten. Erstere, die auf den bewährten Service eines der vielen auf Mallorca ansässigen Radreiseveranstalter Wert legen, sind mit etwa 40 Prozent leicht in der Unterzahl. Bei zunehmender Reiseerfahrung und einem großen Angebot erstklassiger Mieträder, die mittlerweile nahezu überall auf der Insel erhältlich sind, sehen viele der ehemals organisiert auf die Insel Gereisten nicht mehr die Notwendigkeit, sich einer der geführten Gruppen anzuschließen.

Vom Profi- und Amateurbereich über die große Schar der Hobbyrennradfahrer bis hin zu Tourenfahrern, Mountainbikern und Triathleten finden sich so die unterschiedlichsten Fahrertypen jedes Jahr auf der Insel ein. Während die Trainingsambitionierten im Frühjahr klar dominieren, überwiegen im Herbst Radfahrer, die die Sonnenstrahlen der mallorquinischen Nachsaison genießen möchten und es insgesamt etwas ruhiger angehen lassen.

Versuchen wir eine kleine Typologie des Radfahrers auf Mallorca:

Die Trainingseifrigen

Die Vertreter dieser Gruppe reisen nur zu einem einzigen Zweck nach Mallorca: Sie wollen auf der Insel ihr Winter- und Frühjahrstraining bestreiten und dabei bereits zu einem frühen Zeitpunkt im Jahr möglichst viele Kilometer in die Beine bekommen. Am stärksten sind in dieser Gruppe Profis und Amateure vertreten, die den Großteil ihres Inselaufenthaltes im Fahrradsattel verbringen und wenig Zeit für die abseits der Straßen liegenden Schönheiten der Insel haben. Bei diesen Trainingsaufenthalten handelt es sich daher auch nicht um Urlaub im eigentlichen Sinne. Zählt man sie dennoch zu den übrigen Radurlaubern Mallorcas hinzu, lassen sich die Vertreter dieser Gruppe als die Pioniere des mallorquinischen Radtourismus charakterisieren. Die Ersten von ihnen kamen bereits während der 1960er-Jahre auf die Insel, um dort zu trainieren und sich bereits sehr früh im Jahr auf die anstehenden Wettbewerbe vorzubereiten.

Stammgäste: Team T-Mobile im Januar

Heute zählen neben Profis und Amateuren auch sehr ambitionierte Hobbyfahrer zur Gruppe der Trainingseifrigen. Sie kommen auf die Insel, weil sie sich auf die bevorstehende Saison der RTFs, Radmarathons und Jedermann-Rennen vorbereiten möchten. Ihre Mallorca-Aufenthalte zeichnen sich aus diesem Grunde ebenfalls durch ein hohes Trainingspensum aus. Im Gegensatz zu den Profis und Amateuren, die hauptsächlich in der Zeit von Mitte Januar bis Mitte März nach Mallorca reisen, kommen sie jedoch eher in der Zeit von Mitte Februar bis Mitte April auf die Insel. Danach und insbesondere im Herbst, wenn die Radsaison in Mitteleuropa vorüber ist, findet man diese Gruppe besonders trainingseifriger Radurlauber kaum mehr auf der Insel.

Die Sport-Radler

Die Mehrheit der mallorquinischen Radurlauber lässt sich zur Kategorie der Sport-Radler zählen. Diese Spezies bewegt sich genau wie die Trainingseifrigen ausschließlich mit dem Rennrad auf der Insel fort. Mit einer jährlichen Fahrleistung von 3000 bis 10 000 km lassen sie es jedoch deutlich ruhiger angehen als die Profis. Dennoch ist auch für sie der Mallorca-Aufenthalt mit Training verbunden. Dieses kann der Vorbereitung auf Jedermann-Rennen, Radmarathons, die bevorstehende RTF-Saison oder aber einfach nur der persönlichen Fitness dienen. Aus diesem Grund kommt der Großteil der Sport-Radler auch gern im Frühjahr auf die Baleareninsel. Vor allen Dingen in den Monaten März und April sind die Straßen Mallorcas fest in ihrer Hand.

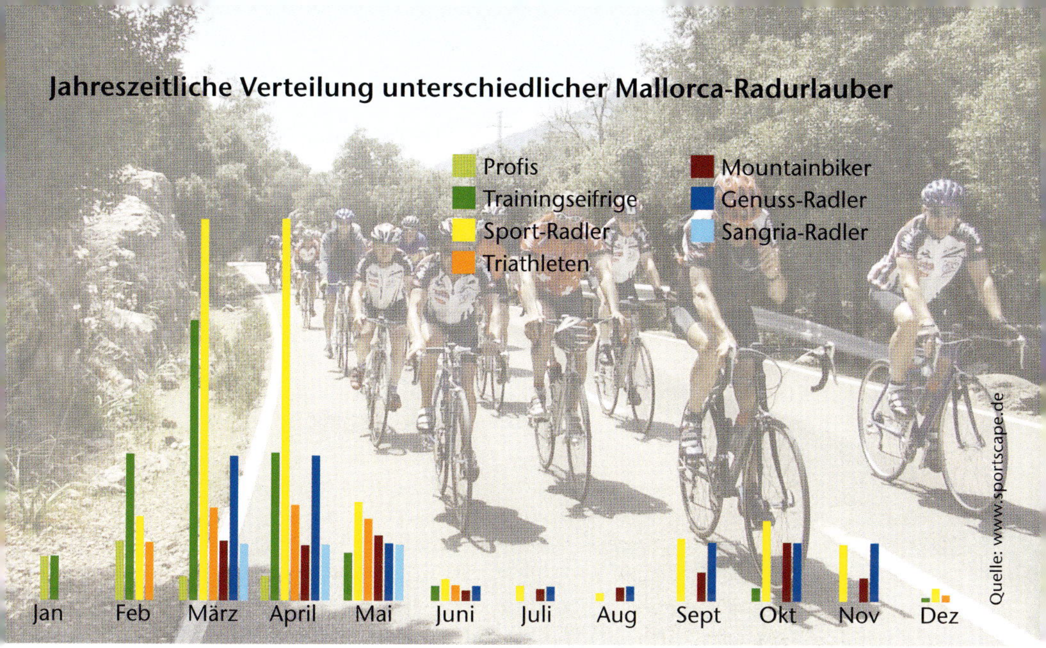

Hier findet jeder die richtige Gruppe.

Neben den körperbezogenen Motiven stellt für die Sport-Radler auch der Spaß am Radfahren einen ganz wichtigen Urlaubsaspekt dar. Landschaft und Kultur der Insel werden nicht gänzlich ignoriert. An besonders schönen Orten wird auch schon einmal Rast gemacht und die herrliche Aussicht genossen. Ist die Tagestour nicht ganz so ehrgeizig geplant, wird auch hier und da schon einmal eingekehrt. Neben den typisch einheimischen Spezialitäten wie »frit mallorquín« oder den »soppas mallorquínas« ist insbesondere der »café con leche« sehr beliebt. Für viele stellt er so etwas wie eine feste Institution dar, die zum Radurlaub auf Mallorca einfach dazugehört. Es ist daher nicht ganz abwegig, von einer eigenen Sub-Spezies, den »Café con leche-Radlern« zu sprechen, die sich – abgesehen von Profis und Amateuren – aus Vertretern aller weiteren Radurlaubertypen Mallorcas zusammensetzt. Neben der Liebe zum Radfahren bildet daher auch die Liebe zum mallorquinischen Kaffee ein Element, das viele Radurlauber eint.

Die Genuss-Radler

Nachdem es bei den beiden zuvor genannten Radfahrertypen sehr sportlich zuging, lassen es die Genuss-Radler deutlich ruhiger angehen. Bei ihnen stehen der Spaß und die Lust am Radfahren ganz eindeutig im Vordergrund. Die Quälerei im Sattel, wie sie von den Trainingseifrigen und einigen Sport-Radlern praktiziert wird, liegt ihnen gänzlich fern. Wenngleich ihnen die eigene Fitness auch nicht unwichtig ist, möchten sie während des Fahrens auch ein Auge für die Umgebung haben und auch schon einmal für längere Zeit absteigen dürfen, um sich in Ruhe eine der vielen Sehenswürdigkeiten der Insel anzusehen oder in einem der vielen Cafés und Restaurants einzukehren.

Auf Grund der genannten Motivationsstruktur ist der Anteil älterer Menschen im Gegensatz zu den weiteren Radfahrergruppen Mallorcas bei den Genuss-Radlern deutlich überrepräsentiert. Auch Frauen sind in dieser Gruppe anteilsmäßig stärker vertreten. Obwohl viele der Genuss-Radler auf eine jährliche Fahrleistung von bis zu 3000 km kommen, planen diese ihre Touren deutlich kürzer als die beiden zuvor genannten Gruppen. Da der Trainingsaspekt bei ihnen nicht im Vordergrund steht, reisen sie auch etwas später auf die Insel. Im Frühjahr sind sie dort insbesondere während der Zeit von Mitte März bis Ende Mai und im Herbst in den Monaten September, Oktober und November zu finden. Sie fallen dabei jedoch nicht so stark auf wie die Sport-Radler, da sie zahlenmäßig deutlich geringer vertreten sind. Im Gegensatz zu diesen sind die Genuss-Radler auch nicht alle auf dem Rennrad unterwegs: Viele von ihnen bevorzugen Touren-, Trekkingräder oder Mountainbikes, weshalb sie auch schon einmal abseits der asphaltierten Straßen anzutreffen sind.

Die Triathleten

Die Vertreter dieser Gruppe zeichnen sich dadurch aus, dass sie nicht ausschließlich zum Radfahren nach Mallorca gereist sind. Vielmehr ist ihnen neben dem Radfahren auch das Lauf- und Schwimmtraining wichtig. Der Großteil der Triathleten hält sich aus diesem Grund in den Buchten von Alcúdia und Pollença auf, wo ihnen die hierfür erforderliche Infrastruktur geboten wird. Neben reinen Hobbytriathleten finden – genau wie beim Radsport – auch absolute Spitzenathleten jedes Jahr ihren Weg nach Mallorca. Auch sie reisen bevorzugt im Frühjahr auf die Insel, um sich dort auf die anstehenden Wettkämpfe vorzubereiten. Wenngleich die Anzahl der Triathleten in der Vergangenheit stark zugenommen hat, sind diese der Gruppe der Sport-Radler zahlenmäßig deutlich unterlegen. Mit 15 bis 20 Prozent der gesamten Mallorca-Radurlauber entspricht ihre Größe etwa der der Trainingseifrigen.

Die Mountainbiker

Die Mountainbiker gehören ebenfalls zu den kleineren Gruppen der mallorquinischen Radurlauber. Bei ihnen handelt es sich um Personen, die sich vom Ruf der Insel für den Mountainbikesport nicht haben abschrecken lassen: Galt diese jahrelang als nicht besonders viel versprechende Destination für Mountainbiker, ändert sich dies langsam, und es finden mehr und mehr breit bereifte Radler ihren Weg dorthin. Diese kommen dabei vorzugsweise

Auch für Bergfreaks wird viel geboten.

während der Monate April, Mai und Juni oder in den Herbstmonaten September und Oktober. Im Gegensatz zu den zuvor genannten Radurlauber-Gruppen nehmen sie deutlich öfter die Dienste eines der vielen mallorquinischen Radreiseveranstalter in Anspruch. Der Grund hierfür liegt darin, dass eine Orientierung abseits der Straßen durch die mallorquinischen Besitzverhältnisse deutlich erschwert wird. Ohne gute Ortskenntnis enden die auf eigene Faust unternommenen Touren oftmals an gut abgesperrten Grundstücksgrenzen, die nicht so einfach passiert werden können.

Die Sangria-Radler

Diese Spezies mallorquinischer Radurlauber ist vor allen Dingen an der Platja de Palma zu finden, wo im Frühjahr bereits deutlich mehr Lokale und Bars geöffnet haben als auf der restlichen Insel. Auch ihnen liegt der tägliche Radsport am Herzen. Er stellt allerdings nur einen Grund ihres Mallorca-Aufenthaltes dar. Der zweite besteht darin, das Nachtleben der Insel in vollen Zügen zu genießen. Die Sangria-Radler zeichnen sich daher durch eine besonders gute Kondition aus, die es ihnen erlaubt, sowohl tagsüber als auch nachts so richtig Gas zu geben – eine Fähigkeit, die insbesondere bei jungen und jung gebliebenen männlichen Junggesellen zu finden ist.

Wurde die vorherige Nacht gut überstanden, geht es am nächsten Tag wieder aufs Rad. Besonders beliebte Ziele

Das Feierabendbier nach getaner Arbeit gehört einfach dazu.

sind dann die in der Umgebung gelegenen Marktplätze, wo mithilfe von Weizenbier oder Sangria der Nachdurst bekämpft wird. Kann das Benehmen der Sangria-Radler im Sinne des kulturellen Austausches auch schon einmal zu wünschen übrig lassen, sind diese bei den Einheimischen auf Grund ihrer Konsumfreudigkeit dennoch nicht unbeliebt. Die von ihnen ausgehende »Wirtschafts«-Kraft ist jedoch von begrenzter Wirkung, da sie genau wie die Mountainbiker nur ein sehr kleines Segment innerhalb des gesamten mallorquinischen Radtourismus darstellen.

Die Ex-Profis

Große Namen kommen nicht nur mit den großen Teams im Januar auf die Insel, sondern auch später. Thurau, Aldag und viele ihrer Kollegen sorgen als Gruppenleiter bei den großen Veranstaltern dafür, dass sie im Tritt und im Gespräch bleiben.

Die Insel der zwölf Winde

Gedanken über den Wind, verwöhnte Jungstars und die Hobbyradler

Von Erik Zabel

Seit 1990 komme ich nach Mallorca. Erst mit den Amateuren, dann mit dem Team Telekom. Zwischendurch immer wieder mit Trainingskollegen. Irgendwann war ich es leid, immer in Hotels zu wohnen: einpacken, auspacken, Radtransport. Deshalb habe ich seit 2003 einen Wohnsitz in der Nähe von Llucmajor. Das ist eine wunderschöne Gegend und nicht weit vom Flughafen und von Palma entfernt. Man kann nicht sagen, dass ich hier lebe, aber ich bin ziemlich oft auf Mallorca. Dreimal im Jahr zwei bis drei Wochen – mindestens. Da ist es schon fast ein Witz, dass ich jetzt mit dem italienischen Milram-Team das Frühjahrstraining in der Toskana absolviere. Die Italiener sind eben nicht so Mallorca-fixiert.

Ich habe in meiner langen Profilaufbahn das Glück gehabt, viele Destinationen überall in der Welt mit dem Rad erfahren zu können. Aber Mallorca hat alles in allem die besten Voraussetzungen: das Wetter, die Straßen, die gute Infrastruktur, die gute Erreichbarkeit, die Menschen – eben alles zusammen. Wer hier einmal Rad gefahren ist, und das kann man auch für die vielen Hobbyfahrer sagen, der kommt immer wieder. Mallorca, das ist Spanien komprimiert.

Meine liebste Runde ist die Strecke von Llucmajor vorbei an der berühmten Glashütte, über Cala Pi an der Küste entlang und durch das wellige Hinterland wieder zurück. Das sind nur 60 Kilometer, aber eine tolle Strecke. Wenn ich länger unterwegs sein will, dann fahre ich von Llucmajor aus Richtung Inca und zum Kloster Lluc. Dann in großem Bogen über Pollença zurück. Da ist man dann schon vier bis fünf Stunden unterwegs.

Die Trainingslager mit dem Team Telekom waren schon immer etwas Besonderes. Besonders schön, aber auch besonders hart. Wir wurden nicht geschont. 200 Kilometer am Tag, und wenn wir zum Beispiel im Club Robinson in Cala Serena, also weit weg vom Gebirge waren, dann musste eben je zweimal der Sant Salvador und Cura/Randa gefahren werden, die beiden Berge, die dort im Osten so einsam in der Landschaft stehen. Das war vielleicht keine besonders originelle Trainingsplanung, aber wir waren ja nicht zum Vergnügen dort. Auch die jungen Kollegen, die erst frisch im Team waren, wurden nicht geschont und mächtig angetrieben. Die ganzjährig topfitten Kollegen Aldag und Bölts haben sich da immer besonders hervorgetan. Heute ist das alles etwas anders. Da gibt es für jeden einen individuellen Trainingsplan, und die Jungen werden etwas verwöhnt. Aber heute hat ein

Team ja auch 30 Leute, da muss das wohl anders laufen. Wir waren nur 22.

Natürlich bin ich auch sehr oft bei der Mallorca-Rundfahrt gestartet. Aber das Rennen hat immer mehr an Reiz verloren. Es war mal ein sympathisches Einrollen – zwei leichte Tage, zwei mittelschwere und ein schwerer Tag. Heute ist die Vuelta Mallorca nur noch schwer und eine der unbeliebtesten Rundfahrten, bei der eigentlich nur noch die Spanier wirklich motiviert sind.

Auch wenn man es auf Mallorca nicht überall mit Bergen zu tun hat, so kann einem der Wind schon schwer zu schaffen machen. Die Einheimischen nennen Mallorca auch die »Insel der zwölf Winde«. Sie behaupten, dass fast in jeder Bucht der Wind aus einer anderen Richtung weht und im Landesinneren häufiger die Richtung wechselt. Wer je länger auf der Insel unterwegs war, kann das bestätigen. Ist man 100 Kilometer allein gegen den Wind angetreten, in der Hoffnung, auf dem Rückweg mit Schubkraft belohnt zu werden, so wird man oft bitter enttäuscht.

Bei solchen Runden allein oder in der Gruppe kommt es nicht selten vor, dass man plötzlich ein paar Hobbyfahrer am Hinterrad kleben hat. Und da wir im Training nicht am Anschlag fahren, können gut trainierte Hobbysportler durchaus eine Zeit im Windschatten mithalten. Ich bin nicht der Typ, der dann Spielchen spielt und anzieht, bis die Sportsfreunde röchelnd vom Rad rutschen. Aber es gibt Kollegen, die sich diesen Spaß gönnen.

Wenn wir im Dezember oder Januar hier unterwegs sind, dann treffen wir höchstens mal vereinzelt andere Rennfahrer, aber keine Hobbyfahrer. Die kommen dann ab März, und von da an fahre ich lieber nicht mehr in Team-Kleidung herum. Das hilft. Da erkennen mich dann nur eingefleischte Radsportfans. Nicht, dass ich was dagegen hätte, dass mich die Leute erkennen und ansprechen, aber es kann schon lästig werden oder auch gefährlich, wenn Touristen mit dem Mietwagen bei Tempo 45 überholen und Fotos machen wollen.

Der Radtourismus auf Mallorca fasziniert mich. Nicht nur, weil so viele jedes Jahr kommen, sondern auch deswegen, weil so wenig passiert. Ich freue mich, dass so viele Menschen jeden Alters Spaß am Radsport haben. Und ich wundere mich, dass das funktioniert und dass die Mallorquiner da so gelassen reagieren. Will man zum Beispiel im April oder Mai mit dem Auto von Palma nach Manacor fahren, dann muss man für die 50 Kilometer gut und gerne eine halbe Stunde mehr einplanen, weil man eine Radgruppe nach der anderen überholen muss, die da maximal im 30er-Schnitt langzieht. Da fahren dann oft 20 Mann in einer Gruppe, das ist zu viel. Und nicht alle sind geübt im Gruppenfahren. Aber für den Tourismus auf Mallorca ist es natürlich ein Segen, und vielleicht haben wir Profis mit unserer Mallorca-Affinität ja auch maßgeblich zu diesem Boom beigetragen.

Erik Zabel, Jahrgang 1970, ist einer von zwei Radprofis in Deutschland, die wirklich jedes Kind kennt. Zwölf Jahre Team Telekom (T-Mobile), sechs Grüne Trikots bei der Tour de France, Sportler des Jahres 2001 und vieles, vieles mehr. Heute Top-Sprinter beim Team Milram.

Madonnas Rennfahrer

Die mallorquinische Radsportlegende Guillem Timoner

Von Christoph Elbern

Dieses Fahrradgeschäft ist mehr als unspektakulär. Wer einen Schlauch braucht oder ein Schräubchen für irgendwas, der wird hier vielleicht fündig. Aber sonst: ein paar Trikots, die lange aus der Mode sind, ein Dutzend Paar Schuhe in abgegriffenen Kartons. Und Fahrräder: gebrauchte, alte Gurken, einige davon brutal mit mattsilbernem Lack zugekleistert. Wer diesen Laden am Ortseingang von Felanitx betritt, sucht nicht nach Technik, er sucht eine Legende.

Guillem Timoner heißt diese Legende. Ein kleiner, alter Mann mit schütterem grauem Haar steht hinter dem Tresen und lächelt freundlich. Die hellbraunen Augen blitzen wach. Timoner ist sechsfacher Weltmeister im Bahnradsport und auf Mallorca eine echte Berühmtheit. In seinem Heimatort Felanitx ist eine Straße nach ihm benannt, auch das Sportstadion trägt seinen Namen. Bei jeder sportlichen Gelegenheit wird er als Galionsfigur des mallorquinischen Sports erneut auf den Schild gehoben und darf sich, die Insel und den Sport repräsentieren.

Guillem Timoner in seinem Büro, wo er sein ganzes Leben archiviert hat.

Guillem Timoner wurde 1926 in Felanitx geboren, zu einer Zeit, als Mallorca noch ein verschlafenes Inselchen im Mittelmeer war. Schnell hatte der kleine, drahtige Junge seine Leidenschaft entdeckt: den Radsport. Mit alten, klapperigen Drahteseln durchkreuzte er die Insel auf staubigen Schotterstrecken. Sein Traum: die Pista. Er wollte Bahnradfahrer werden. Der Bahnradsport war in den 1930er- und 1940er-Jahren in ganz Europa äußerst populär. Bahnradsportler wurden als Idole gefeiert, bei den knüppelharten Sechstagerennen konnten sie gutes Geld verdienen.

Auf Mallorca gab es zu dieser Zeit bereits drei größere Bahnen, und bald drehte auch Timoner hier seine Runden. Für sein erstes richtiges Rennrad mussten die Eltern eine Kuh verkaufen. 1940 bekam er eine Lizenz in der Kategorie Anfänger, einer von nur zwei existierenden Kategorien. In der zweiten fuhren die Profis. Schnell wurden mallorquinische Gönner auf den schnellen Guillem aufmerksam und förderten ihn nach Kräften. Das gehörte damals zum guten Ton. Es zahlte sich auch aus, als Geschäftsmann einen Sportler zu fördern, wurde man doch mit Namen und Betrag in einer langen Liste in der Zeitung genannt – wenn der Gesponserte erfolgreich war.

Und Guillem Timoner war erfolgreich! 1945, mit gerade 19 Jahren, gewann er zum ersten Mal den Titel eines Spanischen Meisters. Seine Spezialität waren Steherrennen, jene aufsehenerregende Bahndisziplin, bei der der Radfahrer (Steher genannt) im Windschatten eines Motorrades (des Schrittmachers) mit Geschwindigkeiten bis zu 90 Stundenkilometern um die Bahn rast. 1955, bei der Weltmeisterschaft in Mailand, gewann er seinen ersten Weltmeistertitel in dieser Disziplin. Weitere WM-Titel: 1959 Amsterdam, 1960 Karl-Marx-Stadt, 1962 Mailand, 1964 Paris und 1965, als fast 40-Jähriger, der letzte Titel in San Sebastián. Die Titel als Spanischer Meister und Europameister in allen möglichen Bahndisziplinen sind fast unüberschaubar.

Der fromme Timoner weiß, wem er seine Erfolge zu verdanken hat: der Schwarzen Madonna von Sant Salvador, dem Kloster auf dem Berg über Felanitx. Das Kloster ist Pflichtprogramm für jeden Radsportler auf Mallorca. Zum einen, weil der fünf Kilometer lange Anstieg zu den anspruchsvolleren Bergstücken Mallorcas zählt. Und zum anderen, weil Guillem Timoner seine Weltmeistertrikots der Madonna verehrt hat und er nach jedem Titel mit dem Rad den Berg erklomm, um ihr zu danken. »Die Mönche haben die Trikots gerahmt und ausgestellt, das war gar nicht meine Idee«, verteidigt sich Timoner gegen den möglichen Verdacht zu großer Eitelkeit.

Der Text, den er in vier Sprachen nach dem dritten Titel zu den Trikots gestellt hat, geizt nicht mit Pathos und kommt weniger aus der Feder eines Dichters als aus dem Herzen eines frommen Sportlers:
»Mein Glaube zu Euch war der Grund meines dreifachen Triumphes als Weltmeister. Entfernt von Euch, erhabene Mutter, als ich entfernt war von meinem Vaterland, radelten meine Beine in der Begierde des Triumphes, aus meinem Herzen kam immer das gleiche Gebet, das sehr leise mit meinen ausgetrockneten Lippen gemurmelt wurde und die oft

in Tränen der Bewegung gebadet waren. Ich bat um Ihren göttlichen Schutz, der mich niemals verließ. Nehmen Sie daher, heilige Jungfrau von San Salvador, diesen Pullover, welcher Symbol des Wettkampfes ist, als inbrünstige Huldigung Ihres demütigen Guillem Timoner.«

Lebendig und mit einer Spur Selbstironie schildert Timoner im Hinterzimmer seines Radsportgeschäfts sein Leben als Aneinanderreihung sportlicher Erfolge. Ein kleines Büro mit schönen alten Möbeln, an den Wänden gerahmte Fotos von Stationen seines Lebens: Timoner in Buenos Aires, Timoner in New York, Timoner beim Triumphzug in Barcelona, Timoner mit Diktator Franco, Timoner als Spaniens Sportler des Jahres 1955, Ehrenbezeugungen und Orden von König Juan Carlos. Und natürlich Pokale und Trophäen. Hunderte. Auch die Olympische Fackel, die er 1992 Richtung Barcelona tragen durfte. Wer staubt das alles ab? »Das muss meine Frau nicht machen, dafür habe ich eine Haushälterin.«

Es ist beeindruckend, wie dieser alte Mann sein Leben dokumentiert hat. In unzähligen, riesigen Folianten ist so ziemlich jeder Zeitungsartikel aufgehoben, der je über ihn erschienen ist. Fotoalben, Sammlungen von Medaillen und Urkunden. Alles penibel geordnet. »Jahrelang habe ich das alles immer nur in Kartons geworfen und gestapelt«, sagt er. »Dann hatte ich irgendwann mehr Zeit und habe es alles sortiert.« Sicher greift er nach den Memorabilien, weiß genau, wo er das Gesuchte findet. Telegramme zum Beispiel, bündelweise, mit denen ihm Glückwünsche in alle Welt und aus aller Welt

Auch gegen Rudi Altig trat Timoner an.

übersandt wurden. Selbst Berge von Flugtickets und Bahnfahrkarten sind gesammelt, sortiert und vorzeigbar. Besonders charmant: Lieder und Gedichte spanischer Poeten über den glorreichen Timoner. Wenn die Stadt Felanitx mal ein Timoner-Museum gründen will, dann muss sie eigentlich nur ein Schild an die Tür dieses Hauses schrauben.

Guillem Timoner macht es sichtlich Spaß, sein Leben zu erzählen und aufzublättern. Er berichtet von wochenlangen Reisen mit dem Auto durch Europa, von schweren Stürzen und unzähligen Knochenbrüchen. Und er spricht über Geld: »In den 1950er-Jahren bekam ich für ein Rennen 1500 Peseten. Ein spanischer Arbeiter verdiente in dieser Zeit 15 Peseten am Tag.« Ein Griff ins Archiv und er hat die Verträge parat. Auch einen aus den 1960er-Jahren für ein Sechstagerennen in Dortmund: 2500 Deutsche Mark Gage. Ein VW-Käfer kostete damals 4000 Mark.

Wenn er gefragt wurde, wo er herkam,

schaute man ihn ratlos an. »Mallorca kannte damals niemand«, lacht er. »Ich hatte deshalb immer eine Europakarte dabei, und da habe ich den Leuten gezeigt, wo Mallorca liegt. ›So eine kleine Insel‹, haben sie dann gesagt, ›wo trainierst du denn dann? Wie oft fährst du am Tag da herum?‹ «

Timoner brachte es als Profi schnell zu Wohlstand. Für seine kleine Familie, Tochter Margarita wurde 1955, einen Monat nach seinem ersten WM-Titel geboren, kaufte er das große Haus in Felanitx, in dem er noch heute mit seiner Frau Francisca lebt. Ein typisches mallorquinisches Stadthaus. Langweilig grau von außen, fast herrschaftlich und groß von innen. Eingerichtet mit allem Kitsch und Pomp, den die spanische Provinz zu bieten hat.

In seinem Hinterzimmer hält der Weltmeister Hof. Für jeden, der vorbeischaut. Und man darf annehmen, dass das Fahrradgeschäft auch nur aus diesem Grund existiert. Radsportgruppen aus halb Europa machen Halt und parlieren auf Spanisch oder Französisch mit dem alten Herrn. Schließlich kaufen sie knallrote Trikots mit seinem Namen und lassen sie sich signieren. Und so freut sich Timoner über die Entwicklung des Radsports auf seiner geliebten Insel, über die besseren Straßen und das Interesse an seiner Person.

Und, fährt er noch Rad? Timoner lacht und holt wieder einen Ordner aus dem Regal. In sauberer, kleiner Handschrift dokumentiert er Tag für Tag seine Trainingsleistung. 60 bis 90 Minuten radelt er täglich auf der Rolle. Dafür hat er auf einer Empore über seinem Geschäft ein Damenfahrrad auf eine alte Rolle montiert, davor einen Ventilator gegen die Hitze und einen Fernseher gegen die Monotonie. Außerdem fährt er auf einem Rennrad auf der Insel herum, jährlich gut 6000 Kilometer. Noch vor wenigen Jahren hat er auch an Veteranenrennen teilgenommen. »Ich reise heute nur noch ins Ausland, wenn ich auch ein Rennen fahren darf«, behauptet er fast stur.

1970, im Alter von 44 Jahren, hat Guillem seine Karriere offiziell beendet – um 1984 noch einmal ein Comeback zu starten und mit fast 60 Jahren Europameister der Senioren zu werden. Wenn seine geliebte Madonna und die Funktionäre ihn lassen, wird er auch bei der Weltmeisterschaft in Palma de Mallorca 2007 auf der nagelneuen Bahn seine Ehrenrunden drehen.

Alter Mann, altes Rad, alte Frische

Mehr als ein Trainingslager

Mein Mallorca

Von Marcel Wüst

Nicht jeder Rad(renn)fahrer hat die Möglichkeit, Mallorca so zu erleben, wie ich es von 1998 bis 2001 konnte. Als Radprofi muss man ja schon ab Dezember kräftig Kilometer sammeln – und wenn man, so wie ich, in Köln wohnt, ist das nicht immer einfach, denn auch im Rheinland haben wir ab und an Winter.

Da dieser auf Mallorca meist ausfällt, bezogen meine Familie und ich regelmäßig in der Nähe von Santanyí Quartier. Wir mieteten uns in einer Finca ein und blieben zwischen zwei und drei Monate in der Sonne. Wenn man nicht im Hotel wohnt, sondern sich quasi »zu Hause« fühlt, verliert das Leben den Trainingslagercharakter, und nach einer kurzen Weile fühlt man sich schon wie ein Insulaner.

Da die Aufenthalte gerade in den Jahren stattfanden, in denen ich die Vuelta España eigentlich immer mit zwei bis vier Etappensiegen beendete, sprach es sich bei meinen morgendlichen Besuchen beim Bäcker in Llombards natürlich schnell herum, dass »un buen ciclista« in der Gegend sei.

Die Integration in die Dorfgemeinschaft ging ziemlich schnell, und spätestens seit wir mit unserem Sohn Alexander am Abend eines 5. Januar auf die Reyes, die Heiligen Drei Könige, warteten und mit den Einwohnern ins Gespräch kamen, war klar, wie viele Menschen im Dorf wussten, wer wir waren.

Durch Trainingseinheiten mit den mallorquinischen Profis, vor allem mit Toni Tauler drehte ich regelmäßig meine Runden, erweiterte sich auch unser Freundeskreis. Zur Party seines Fanklubs wurden wir regelmäßig eingeladen, und auch mit »seinen« Trainingspartnern verabredete ich mich manchmal, wenn er selbst gerade bei irgendwelchen Rennen unterwegs war.

Dass man bei einer »Gesamtinselzeit« von fast einem Jahr innerhalb von 48 Monaten natürlich viel mehr erlebt als in 2x 2 Wochen Trainingslager, ist klar. In Erinnerung ist mir zum Beispiel ein Wintereinbruch, als morgens gut und gerne zehn Zentimeter Schnee lagen – und das am 31. Januar! Die Woche vorher hatte ich schon die Armlinge bei meinen Bergintervallen heruntergestreift. Mit so was muss man auf Mallorca immer rechnen.

Auch zufällige Trainingsbegegnungen mit der niederländischen Radsportgröße Gert-Jan Theunisse, der inzwischen auf der Insel wohnt, oder auch mit der MTB-Weltmeisterin Marga Fullana waren sehr erfreuliche Mallorca-Erlebnisse.

Eine ganz besondere Trainingseinheit wird mir immer in Erinnerung bleiben: Es standen mal wieder Bergintervalle am Sant Salvador an, und als ich bei meiner vierten Serie gerade in das Steilstück an der Kapelle einfuhr, überholte mich ein voll besetztes Auto. Alle darin drehten den Kopf, und eine Kehre weiter stand das Auto dann am Straßenrand. Die komplette Familie bestehend aus Vater, Mutter, Onkel und zwei Kindern stand am Straßenrand und feuerte mich an: »Venga Marcel, venga animo, ya estas arriba …« Kurz darauf kam der Wagen mit offenen Fenstern wieder an mir vorbei, und die gleichen Anfeuerungsrufe klangen mir entgegen. Ich hatte also inzwischen sogar mallorquinische Fans, die mich oben freundlich darum baten, ein paar Autogramme zu schreiben. Meine verschwitzte Festina-Mütze gab ich dem Sohn, die Trinkflasche bekam die Tochter …

Ich bin der Insel weiter verbunden und reise wann immer es geht nach Mallorca. Gelegentlich organisiere ich mit kleinen Gruppen Radsportcamps und führe vom Radsport begeisterte Menschen jeden Alters über die Insel. Immer wieder entdecke ich neue Ecken und freue mich an der Schönheit der Landschaft.

Marcel Wüst, geboren 1967, war in seiner aktiven Zeit (1989 bis 2000) einer der erfolgreichsten deutschen Radsportler. Nach einem schweren Sturz musste er seine Karriere beenden. Heute arbeitet er unter anderem als Radsportexperte für die ARD.

Marcel Wüst in Palma de Mallorca

Der steile Knoten

Sa Calobra ist Pflichtprogramm für alle Radfreaks

Von Flurina Bachmann

Es war der neunte und letzte Tag meiner Mallorca-Radferien. Acht Radtouren und damit rund 1000 Kilometer hatte ich schon in den Beinen. Ich liebäugelte am Morgen mit einem Liegestuhltag am Strand. Hatte ich es nicht verdient, in den Ferien einmal faulenzen zu dürfen? Schließlich hatte ich noch kurz vor den Ferien die letzten Einheiten auf Schnee trainiert, und eine lange und kalte Langlaufsaison lag hinter mir.

Anfang der Woche hatte ich mir eine Postkarte gekauft, auf der die Passstraße von Sa Calobra abgebildet war. Beim Betrachten wurde mir klar: Dieser Pass ist ein Muss für jeden Radsportler auf Mallorca. Und an diesem letzten Tag war mein Ehrgeiz nun zu groß, um mir diese einmalige Gelegenheit entgehen zu lassen.

Der Sa Calobra-Pass liegt auf einer Höhe von 800 Metern über dem Meer. Von diesem Punkt aus führt die bekannte Passstraße über zwölf Haarnadelkurven. Gebaut wurde das Meisterwerk der Straßenbaukunst 1932 vom italienischen Ingenieur Antonio Paretti. Dieser hatte zwei Ziele: die Berge nicht zu verschandeln und scharfe Kurven zu vermeiden. So hat er ein verschlungenes, fast bizarres Straßenband geschaffen. Von jeder Stelle der Straße aus sieht man vier weitere Straßenbänder. Absolutes Highlight ist der sogenannte Krawattenknoten auf der Höhe von Sa Moleta. Dort gab es keine andere Möglichkeit, als die Straße um sich selbst kreisen zu lassen. Ohne Stützpfeiler, mit nur einer Brücke, unter der der Nus de Sa Cobra kreuzt, verläuft die 360-Grad-Kurve. 31 000 Kubikmeter Fels trugen die Arbeiter damals ab und nutzten sie an anderer Stelle als Füllmaterial.

Ob Paretti Radfahrer war, ist nicht überliefert, aber die Steigung der Straße ist angenehm zum Fahren. Zwölf Prozent beträgt sie nur an einer Stelle, ansonsten geht es mit sechs bis acht Prozent relativ moderat bergauf.

Meine erste Begegnung mit dieser Straße, die als Sackgasse im Ort Sa Calobra endet, führte zunächst bergab. Man kann auch mit dem Schiff von Port de Sóller heranfahren und dann nur den Anstieg nehmen. Ich genehmigte mir in einem netten Restaurant erst mal eine Erfrischung. Ich hätte dort durchaus auch länger sitzen bleiben, die Sonne genießen und mich von der Weite des Meeres zum Träumen verleiten lassen können. Doch eine harte Rückfahrt stand auf dem Programm. Von einem flachen Einstieg zum Einfahren kann hier nicht gesprochen werden. Achtung, fertig, los! Und schon ging es bergauf. Ich ging die Sache locker und mit ein bisschen Respekt an. Zwar bin ich Sportlerin, aber eben keine Radfahrerin, und für die erste Trainingswoche und die ersten Trainingskilometer auf dem Rad überhaupt musste ich keinen neuen Rekord an diesem Pass aufstellen.

Doch irgendwann wurde ich vom Fieber gepackt, von einem unwiderstehlichen Bedürfnis, diesen Pass in vollen Kraftzügen hochzufahren. So kam es, dass ich von einer Kehre zur anderen immer mehr Druck auf die Pedale brachte. Das Angenehme an dieser Fahrt ist, dass man sich die Strecke gut einteilen kann. Ab einer bestimmten Höhe sieht man Kurve für Kurve, alle übereinander, wie in den Berg eingeritzt. Unterwegs bekommt man das Gefühl, vor einer Steilwand zu stehen, die mit dem Rad kaum zu bezwingen ist. Doch in Wirklichkeit gewinnt man innerhalb weniger Kilometer schnell an Höhe, und schon bald steht man nicht mehr unten an der Steilwand, sondern blickt von oben herab auf die bereits zurückgelegte Strecke. 40 Minuten benötigte ich für die zehn Kilometer. Bin ich wirklich so schnell den Berg hochgefahren, oder war ich so hin und weg vor Begeisterung, dass es mir nur so kurz vorkam?

Flurina Bachmann, Jahrgang 1979, ist erfolgreiche Skilangläuferin aus Pontresina in der Schweiz, mehrfache Weltcup-Teilnehmerin und Mitglied im Swiss-Ski-Team.

Sa Calobra, ein faszinierendes Stück Straße

Warm-up der Weltspitze

Die Mallorca-Rundfahrt: Kein großes Rennen, aber ein wichtiges

Von Antje Krumreich

Alle sagen gerne, sie sei nicht so wichtig; und eigentlich ist es auch egal, wie man dabei abschneidet. Aber dennoch: Die großen Teams schicken ihre Stars Anfang Februar zur Mallorca-Rundfahrt. Viele sind ja nach dem Trainingslager sowieso noch auf der Insel.

Seit 1992 wird ganz Mallorca jedes Jahr Anfang Februar zum Rennkurs. Waren im ersten Jahr der Durchführung noch ausschließlich spanische Teams am Start, sammeln hier seit 1995 viele Topstars der Radsportszene wichtige Rennkilometer. Bevor die Radsportsaison mit den Frühjahrsklassikern im März so richtig losgeht, treffen sich die Profis auf der spanischen Insel zum ersten Schlagabtausch. Die Mallorca Challenge gilt als »Opening Contest« der UCI auf europäischem Boden. Vor allem Mannschaften aus Europa nutzen die Chance, die Gegner das erste Mal in der neuen Saison unter die Lupe zu nehmen und natürlich die eigene Form zu testen. Auf Grund des frühen Zeitpunktes in der Saison nutzen viele Profis die Challenge auch als Training unter Wettkampfbedingungen.

Die Mallorca-Rundfahrt eröffnet jedes Jahr die Radsportsaison der Profis.

Ursprünglich wurde die Challenge als Etappenrennen geplant, bei dem die Radsportler jederzeit ein- beziehungsweise aussteigen konnten. Die UCI ließ dies jedoch nicht zu, und so entstanden fünf Eintagesrennen, die seit dem Jahre 2005 sogar zur UCI Europe Tour gehören. Der Charakter der Veranstaltung ist dennoch einzigartig. So können sich die Sportler für das Etappenrennen oder für einzelne Eintagesrennen entscheiden. An wie vielen beziehungsweise an welchen Etappen jeder einzelne teilnimmt, bleibt dem Radler selbst überlassen. Am Ende gibt es zwar eine Rangliste, gewertet werden aber nur Fahrer, die bei allen Etappen am Start waren. Punkte für die UCI-Klassements gibt es jedoch ausschließlich für die einzelnen Trofeos und nicht für die Gesamtwertung.

Eine weitere Besonderheit macht diese Rundfahrt für die Mannschaften so interessant: Anstatt der üblichen acht bis neun Fahrer pro Team dürfen die Sportlichen Leiter weitere Jungs ins Feld schicken. Bereits seit ihrer ersten Austragung ist die Mallorca Challenge erstklassig besetzt. 2006 waren 20 Teams am Start, darunter die bekanntesten Pro Tour-Mannschaften, angefangen beim einheimischen Team Illes Baleares über die orangefarbenen Pedaleure von Euskaltel, bis hin zu Saunier Duvals gelben Männern und einigen kleineren Kontinental-Teams aus Spanien.

Eine ausschließlich spanische Angelegenheit ist die Tour trotzdem nicht. Neben den Jungs vom T-Mobile Team, die 1995 erstmalig dabei waren, nehmen auch Gerolsteiner, CSC und Phonak den Kampf gegen die einheimische Armada auf.

In den vergangenen Jahren wechselten immer mal wieder die Austragungsorte der fünf Rennen. Die Etappe rund um Palma, die »Trofeo Mallorca«, ist hierbei die einzig wirkliche Konstante. Der Besucherandrang hält sich in Grenzen. Die Mallorquiner schauen zu, wenn sie sowieso in der Nähe sind, die Touristen auch, und eingefleischte Fans, wie man sie bei großen Rundfahrten zuhauf trifft, sind eher die Ausnahme.

Auf Mallorca trifft sich aber nicht nur die Radsportelite. Im Frühjahr landen ganze Flugzeugladungen von Hobbyradlern, um bei angenehmen Temperaturen und idealen Bedingungen zu trainieren. Wer schon fit genug ist, kann an der Volta Cicloturista International a Mallorca, einem Freundschaftsrennen über vier Etappen ohne Teilnehmerbeschränkung, teilnehmen. Jedes Jahr zu Ostern erleben Hunderte Hobbysportler auf den Strecken der Profis Wettkampfflair und eine Radsportveranstaltung inmitten der grandiosen mallorquinischen Landschaft. Die einzelnen Etappen sind mit 70 bis 95 Kilometern für halbwegs Trainierte ohne Schwierigkeiten zu bewältigen. Obwohl der eine oder andere Anstieg so manchem Teilnehmer alles abverlangt.

Neben der Volta a Mallorca gehört noch ein weiteres Rennen auf der Insel zum Kalender der UCI Europe Tour: An dem Cinturón Ciclista International a Mallorca, einem Etappenrenner der Kategorie 2.2, nehmen Ende März/Anfang April fast ausschließlich kleinere Mannschaften (GS 2-Teams) teil. Dennoch ist diese durchaus anspruchsvolle Tour nicht nur national, sondern auch international besetzt.

Bei der Mallorca Challenge steht am Ende fast immer ein Spanier auf dem Treppchen. Das hat irgendwie Tradition und ist den einheimischen Sportlern wohl Verpflichtung. In den Jahren 2004 bis 2006 waren es: Antonio Colóm, Alejandro Valverde und David Bernabéu. Die internationale Elite hält sich so früh im Jahr noch zurück, weil sie noch keine Form zeigen kann oder will. Einen Besuch ist das Rennen auf jeden Fall wert. Es ist schon etwas Besonderes, am ersten Renntag entspannt im Café Cappuccino an der Avenida Gabriel Roca zu sitzen und das Peloton mehrfach an sich vorbeirauschen zu lassen.

Antje Krumreich ist Journalistin und aktive Triathletin in Hamburg.

Keine Ruhe im Club Robinson

Zu Besuch im Trainingslager vom Team T-Mobile, als die Zeitrechnung Jan noch galt

Von Christoph Elbern

Natürlich ist der Begriff Trainingslager missverständlich. – Lager. – Das klingt nach Stockbetten aus rostigem Stahl, nach schmierigen Gemeinschaftsduschen und Kohleintopf aus großen Töpfen. Aber so ist das vielleicht bei Jugendkadern irgendwelcher Randsportarten. Die Magenta-Crew hält Hof im schicken Club Robinson in Cala Serena im Südwesten der Insel. Das hat sich längst herumgesprochen, und der Club tut natürlich alles dafür, dass es sich auch noch weiter herumspricht.

Magenta-Fahnen wehen vor dem Eingang, alle möglichen Schilder weisen auf alles Mögliche hin, was mit dem Team und seinen Aktivitäten hier zu tun hat. Andere Profisportler wie Kai Hundertmarck oder Lothar Leder schauen vorbei. Überall weht der Wind der großen Sportwelt.

Seit 15 Jahren fahren die mit dem T nach Mallorca. Immer im Januar. Wie fast alle anderen deutschen und schweizerischen Teams von Gerolsteiner über Wiesenhof bis Phonak auch. »Weil es nah und günstig ist, weil das Wetter stimmt, die Straßenverhältnisse, weil man von überall hierher kommt«, schwärmt Mario Kummer, wie alle Sportlichen Leiter, und Team-Manager Olaf Ludwig fügt hinzu: »Ich habe erst auf Mallorca festgestellt, wo es überall in Deutschland Flughäfen gibt. Und von überall kann man nach Mallorca fliegen. Das ist für uns sehr nützlich ...«

Nützlich ist es auch für das ganze Drumherum ums Team. Schließlich will man ja was tun für den Hauptsponsor und alle anderen, die Geld und Hoffnung in die Mannschaft stecken.

Mallorca, da kann man schnell mal 150 Journalisten von Köln aus zur Team-Präsentation einfliegen und die ganze Truppe in einer Medienshow im mit Theater nicht untertrieben benannten Showroom des Clubs präsentieren. Da kann BDR-Präsident Rudolf Scharping mal schnell vorbeischauen und Sinkewitz, Klöden und den anderen motivierend auf die Schulter klopfen. UNICEF-Chefin Heide Simonis kann ein Charity-Projekt mit T-Mobile promoten und flugs wieder nach Hause jetten.

Trainingslager mit T-Mobile, das ist nicht nur Pedalieren in aller Abgeschiedenheit, das ist auch ein fortwährendes PR-Event.

Fast den gesamten Januar strampeln sich die Profis hier Kilometer in die Beine, bevor die Stars sich zum Weitertrainieren nach Südafrika aufmachen, während der Nachwuchs im Team schon mal in Katar und bei der Mallorca-Rundfahrt in die Schlacht muss.

Das Leben im Club verläuft für das Team in ruhigen Bahnen. Nicht alle haben ein Einzelzimmer, Besuch von Partnerinnen ist gelegentlich erlaubt, Exzesse und Ausbrüche bleiben aus. Der Porsche- und Harley-Verleih des Clubs bleibt von Magenta ungenutzt – aber das bedauert niemand.

»Natürlich ist das kein Urlaub hier für uns. Aber wir fahren ja gerne Rad«, sagt Patrick Sinkewitz beim abendlichen Kakao an der Bar. Und Kollege Linus Gerdemann fügt hinzu: »Es ist nicht so, dass wir hier noch viel Action haben wollen. Wenn du den ganzen Tag trainiert hast, dann freust du dich auf die Sauna und einen ruhigen Abend.«

Der ist im Club Robinson allerdings nicht immer garantiert. Schließlich ist das Team T-Mobile hier nicht in geschlossener Gesellschaft. Der riesige, weitläufige Club hat, wenn das Team da ist, immerhin noch gut und gerne weitere 250 Zimmer zu vergeben. Erstaunlich viele davon sind belegt. Zu dieser Jahreszeit, wenn man schon um 16 Uhr ein Jäckchen überziehen muss, residiert hier ein eher gesetzteres und größtenteils untersetzteres Publikum. Das fällt schon auf beim Frühstück und Abendbuffet im verwinkelten Restaurant. Da sind die mit Adidas- und T-Mobile-Branding und die anderen im gehobenen Freizeitlook – oder: smart casual, wie das hier heißt.

Nach dem Abendessen zieht es auch Leistungssportler in die Bar, und einer nach dem anderen reiht sich an der Theke auf. Kakao, Caffè Latte. Andreas Klöden fragt Jörg Ludewig: »Was hast du bestellt?« – »Apfelschorle«, entgegnet

Weit und breit nur Magenta zu sehen. Jedes Jahr reist das Team T-Mobile mit einem riesigen Tross an.

der, während er im gleichen Moment ein frisches Weizen über den Tresen gereicht bekommt. »Ok, so' ne Apfelschorle nehm ich auch.« Hochleistungssportler sind eben auch nur Männer.

Jedenfalls zum größten Teil. Zehn der 39 Profis, die Anfang 2006 hier trainieren, sind Frauen. Das neue T-Mobile-Damenteam soll im medialen und tatsächlichen Windschatten der berühmten Herren Muskeln, Ausdauer und Bekanntheit aufbauen. Man spürt noch Berührungsängste. Aber die gibt es beim ziemlich frisch zusammengewürfelten Team auch bei den Jungs untereinander.

»Es klappt jetzt immer besser mit der Teamsprache Englisch. Die meisten halten sich daran«, behauptet Jan Ullrich, damals noch unumstrittener Leitwolf im Rudel. Aber am Abend an der Bar hört man doch überwiegend die Muttersprache des Sponsors, und die anderen Nationen sind unter sich.

Jeden Morgen um zehn klicken die Schuhe in die Pedale. Es ist Training. Wenn die große Gruppe sich aus der dichten Bebauung von Cala Serena herausbewegt hat und über die Landstraße rollt, fährt mindestens ein T-Mobile-gebrandeter Audi mit. Ersatzräder auf dem Dach, Getränke und Futter im Kofferraum. Lkws als Werkstattwagen und rollenden Imbiss für die Zwischenverpflegung haben die Bonner auch mitgebracht.

Das Training sieht ein bisschen aus wie Radrennen, nur dass die Fahrer alle die gleichen Trikots anhaben. Beinlinge, Armlinge, Windbreaker, Überschuhe, Helmmützen – der Januar auf Mallorca

Frauenpower: Weltmeisterin Judith Arndt

ist auch bei Sonne kein Frühsommer, sondern eher ein Frühfrühling, und kann auch mal ganz gemein zum Spätwinter werden.

Die fast 40 Fahrerinnen und Fahrer rollen nicht lange zusammen. Schon bald trennt man sich. In S'Horta splittert sich ein kleines Grüppchen um Jan Ullrich ab, um ein moderates Grundlagentraining zu absolvieren. Für die Sprinter und Klassikerfahrer sind schon härtere Einheiten vorgesehen:

»Das hat natürlich damit zu tun, welche Aufgaben für die Einzelnen als Nächstes anstehen«, sagt Mario Kummer, der Trainingsstand- und Fortschritt im Auge behalten muss. »Am Anfang und am Ende des Trainingslagers machen wir einen Laktatstufentest, um zu sehen, was es gebracht hat. Ansonsten achten die Fahrer auf ihren Ruhepuls. Jeden Morgen vor dem Aufstehen checken sie selbst ihren Puls. Schon leichte Erhöhung ist ein Zeichen für einen Infekt oder Übertraining. Dann schaut unser medizinisches Personal genauer hin.«

Von Cala Serena aus steht für die Trainingsgruppen nicht die ganze Insel zur Verfügung. Bis in die Berge und auf den Puig Major sind es von hier aus gute 100 Kilometer. Eine Richtung. Nicht zu schaffen, schließlich wird es um 18 Uhr dunkel. »Das ist der Nachteil an der sonst so tollen Lage hier«, meint Olaf Ludwig. Da setzt man dann den Teambus ein oder fährt eben über die leichten Hügel zwischen Felanitx und Artà. Das sind auch schöne Strecken, und wenn es dann doch mal etwas steiler werden soll, dann fahren die Profis die fünf gemeinen Kilometer zum Kloster Sant Salvador rauf. »Zwei- bis dreimal«, wie Olaf Ludwig versichert. Und er selbst mittendrin: »Mit dem Auto!«

So viel Radsport im Club, das animiert auch Touristen, die statt Harley oder Porsche eine der Giant-T-Mobile-Replikas mieten und alleine oder unter Anleitung eines ehemaligen Profis in die Pedale treten.

Wir beobachten zwei ältere Japaner, selbst für fernöstliche Verhältnisse klein an Wuchs, die auf dem niedrigsten Rahmen, den Giant zu bieten hat, erste Fahrversuche machen. Stolz und ambitioniert starten sie am Morgen gleichzeitig mit dem Team. Turnschuhe statt Pedalsystem, die Knie weit abgespreizt vom Oberrohr, gehen sie im kompletten T-Mobile-Outfit wackelig auf die Strecke.

Zwei Stunden später kommen sie verschwitzt und weich in den Knien wieder zurück. Stolz wie Oskar. Sie haben erlebt, was jeder erlebt, wenn er hier zu dieser Zeit in Magenta unterwegs ist: In den Dörfern kommen die Kinder angelaufen, rufen nach Ullrich, Sevilla und Guerini – oder wie der aktuelle Kader gerade heißt –, um enttäuscht maulend wieder abzudrehen, wenn sie sehen, dass es doch wieder nur ein paar schlappe Touris sind, die hier auf dicke Wade machen. Wir waren dabei.

Und so funktioniert die Profis-animieren-Jedermänner-Maschine auch hier – wie immer und überall auf Mallorca – wie geschmiert.

Willkommen im Club.

Voll auf Speed

Über weniger gemütliche Hobbyfahrer

Von Bruno Risi

Das beste Training für mich ist es, mit einer Gruppe starker, hoch motivierter Hobbyfahrer hier in hohem Tempo durch die Berge zu fahren. Deshalb komme ich häufig mit meinem Teampartner Kurt Betschart oder auch allein nach Mallorca. Meistens im April oder Mai, wenn der Bahnradsport Pause macht. Auch für einen Bahnsportler wie mich ist Mallorca ein ideales Trainingsgebiet.

Ich fahre meistens als Gruppenleiter mit den sogenannten Speedgruppen. Das sind Leute, die nicht nur schnell fahren wollen, sondern es auch über lange Strecken können. Folglich findet nach dem ersten Tag eine gewisse Auslese statt. Wir fahren auch in den Bergen fast einen 30er-Schnitt und gerne auch über 200 Kilometer am Tag. Das schätzt mancher Hobbyfahrer erst einmal falsch ein. Aber nach dem ersten Tag weiß dann jeder, was wir mit Speed meinen.

Die Leute, die das machen, sind natürlich alle ein bisschen verrückt. Auf eine sympathische Art. Sie trainieren für einen Ironman oder irgendein Jedermannrennen und wollen da dann gerne vorne dabei sein.

Meine liebste Tour dafür ist die Küsten-Klassik kombiniert mit der Mallorca-Klassik. Wir fahren also in Platja de Muro los über den Puig Major nach Andratx und dann zurück über Orient und Sa Pobla. Das sind über 220 Kilometer, und wer das in einem Tag schaffen will, muss sich ranhalten. Zu langen Einkehrpausen ist dann keine Zeit. Und zum Feiern abends in der Kneipe eigentlich auch nicht.

Wir trainieren dann das Staffelfahren, wie man optimal den Wind ausnutzt und wie wir die Berge schnell rauf- und schnell runterkommen. Dabei geht auch schon mal was schief: Stürze auf nasser Abfahrt zum Beispiel kommen vor. Schlimmere Unfälle habe ich noch nicht erlebt. Die Autofahrer auf Mallorca sind aber inzwischen auch recht zuvorkommend. Im Kreisverkehr, und davon gibt es hier ja jede Menge, warten sie oft. Das war früher etwas anders.

Normalerweise bringen die Leute ihre eigenen Räder von zu Hause mit: teure Maschinen, neu, mit erstklassigen Komponenten. Das ist dem Anlass auch angemessen. Aber wir hatten auch schon einen in der Gruppe, der kam mit einem alten, verschmierten Rennrad an. 25 Jahre alt war die Gurke mindestens, die Schalthebel noch am Unterrohr. Der Arzt aus Deutschland war fit und fuhr stark mit. Dann sprang ihm in den Bergen die Kette ab und verklemmte sich zwischen Rad und Rahmen.

Ewig fummelte er an seinem verschmierten Rad herum, ehe er alles wieder am Laufen hatte. Danach sah er aus wie ein Schwein. Er versuchte sich die Hände im Gras und an seinen Klamotten zu reinigen. Das machte es nur schlimmer.

»Warum leistest du dir kein gescheites Rad?«, fragte ich ihn. Er habe ein sehr gutes, neues Rad zu Hause, antwortete er. Er wolle es nur nicht mitnehmen, weil er gehört habe, dass die Räder am Flughafen in Palma so schlecht behandelt werden. Am nächsten Tag saß er auf einem nagelneuen Mietrad und hatte eindeutig mehr Spaß.

Bruno Risi, Jahrgang 1968, ist einer der erfolgreichsten Bahnradfahrer der Welt. Neben zahlreichen Weltmeistertiteln schmückt eine Silbermedaille von den Olympischen Spielen in Athen 2004 die Palmarés des Schweizers.

Palma mit Kathedrale

Verrückte, wo man hinkommt

Erlebnisse mit Kollegen und Jedermännern

Von Rolf Aldag

Ich bin ja eigentlich ein später Mallorca-Fahrer. 1993 kam ich mit dem damaligen Team Telekom zum ersten Mal auf die Insel. Da war ich schon zwei Jahre Profi. Andere aus der Mannschaft waren schon als Junioren ein paar Mal da gewesen. Da war es schon ungewöhnlich, dass ich mich nicht auskannte. Wenn die anderen abends die Touren für den nächsten Tag besprachen, habe ich immer nur zustimmend genickt und hatte keine Ahnung, was da auf mich zukommt.

In den ersten Jahren waren wir noch eher bescheiden untergebracht in einem Hotel an der Platja de Palma. Kein Fernseher auf dem Zimmer und außer uns nur Rentner. Da war im Januar natürlich noch weniger los als heute. Und meine Vorurteile von Ballermann-Trubel und Lärm rund um die Uhr wurden gründlich korrigiert.

Nach dem Training bin ich oft mit Ete (Erik Zabel, Anm. d. Hrg.) an den Cafés und Spielhöllen vorbeigezogen. Es war halt langweilig, und wir haben die Rentner an den Spielautomaten ein bisschen auf den Arm genommen.

Dass die Insel zum Radfahren ideal ist, habe ich natürlich schnell bemerkt. Mehr Berge braucht im Training kein Mensch, und es gibt flache und leicht kupierte Stücke, interessante und abwechslungsreiche Landschaft – das sind schon ideale Bedingungen. Und die Straßen wurden von Jahr zu Jahr besser.

Bergauf trennen sich Hobbyfahrer von Profis.

Ete war schon damals ein echter Kenner der Insel – heute wohnt er ja sogar hier. Und wenn man sich im Training an ihn dranhängte, dann fuhr man eigentlich immer Ideallinie. Nur den Puig Major runter, da machte ich lieber mein eigenes Tempo. Ete bremste praktisch nie. Busse, Kleinwagen, Dreck in den Kurven, für Ete kein Thema. Dann haben wir ihm hinterhergebrüllt: »Ete, wir brauchen dich noch bei der Tour. Nach der Saison kannst du dich gerne kaputt fahren!« Ich war immer froh, dass ich diesen Berg nur einmal im Jahr bei der Mallorca-Rundfahrt schnell fahren musste. Ansonsten war das für mich immer gutes Training in traumhafter Landschaft.

Den Puig fahre ich heute noch gerne. Aber von Sóller aus Richtung Norden. Aus der anderen Richtung über Kloster Lluc nimmt die Steigung ja kein Ende.

Meine absolute Hassstrecke ist Sa Calobra. Ich kann nicht verstehen, dass es Leute gibt, die das gerne fahren. Einmal sind wir mit Brian Holm den Pass heruntergefahren. Unten fragte er dann, ob wir links oder rechts abbiegen müssen. Weder noch, lautete die Antwort. Entweder Boot fahren oder wieder rauf. Boot schied natürlich aus, und so sind wir die Serpentinen wieder hochgefahren. Brian konnte es absolut nicht verstehen, dass man einen Berg erst herunterfährt, um ihn dann wieder raufzufahren. Er hat ja auch recht: Da bekommt man den Lohn des Bergfahrens ja vor der Arbeit, und das ist unlogisch. Ich bin danach noch einmal Sa Calobra gefahren, aber nur um sicherzugehen, dass ich das nicht wieder brauche.

Rolf Aldag im Plausch mit Claus Wachsmann von Cube Bikes

Wenn man Jahr für Jahr auf Mallorca seine Runden dreht, dann begegnen einem schon eine Menge verrückter Leute. Da kommt es zum Beispiel vor, dass wir in unseren Magenta-Trikots an einer Gruppe vorbeifahren, die gerade am Straßenrand Picknick macht. Die erkennen uns, schwingen sich auf die Räder, versuchen uns einzuholen und fahren sich dabei völlig kaputt. Die haben keine Vorstellung davon, wie schnell Profiteams sogar im Training unterwegs sind.

Noch verrückter sind die Touris in ihren Mietwagen, die an der Gruppe vorbeibrettern und dann am Straßenrand warten, um uns um Autogramme anzuhauen. Bei allem Respekt vor den Fans, aber das ist eine bescheuerte Idee. Stellen die sich auch bei Schumi auf die Rennstrecke?

Viele Begegnungen mit anderen Rennfahrern sind mir in bleibender Erinnerung. Zum Beispiel die mit dem holländischen Ex-Profi Gert-Jan Theunisse, Gewinner von Alp d'Huez und der Bergwertung bei der Tour de France 1989. Der war so davon besessen, Alp d'Huez noch mal zu gewinnen, dass er wie ein Verrückter trainiert hat. Einmal ist er mit uns gefahren, und wir hatten kurz vor Felanitx unseren Sportlichen Leiter verloren. Also haben wir uns vor ein Café gesetzt und ganz entspannt gewartet. Nicht so Theunisse: Der ist Runde um Runde um einen großen Platz gefahren. Eine Stunde lang. Mit seinem Mountainbike. Wir haben uns köstlich amüsiert. Genützt hat es ihm nichts. Er konnte bei der Tour nie wieder einen Erfolg verbuchen.

Ein Original der Insel ist auch Mallorcas Radsportidol Toni Tauler, geboren in Santa Margalida, der ein paar Jahre für Illes Balears gefahren ist. Den trifft man immer wieder mal unterwegs. Ein netter Kerl, dem man mehr Erfolg wünscht, auch seiner schönen Insel wegen.

Die Begegnungen mit Hobbyfahrern werden immer zahlreicher. Da trifft man eine Menge netter Leute. Kürzlich bin ich mal als Gruppenleiter einer Speedgruppe gefahren. Das macht Spaß. Da trifft man alles: vom Bankdirektor bis zum Handwerker. Es ergeben sich interessante Gespräche, während wir unsere Kilometer fressen.

Der Weg zum »Krawattenknoten«

Ein besonders schräger Typ ist mir noch aus meiner Zeit mit dem Team an der Platja de Palma in Erinnerung. Der Deutsche war schon über fünfzig und fuhr jedes Jahr zum Training in ein anderes Hotel an der Platja de Palma. Nach zwei, drei Wochen verschwand er – ohne die Rechnung zu bezahlen. Daraus machte er gar kein Geheimnis und erzählte es auch jedem. Vor ein paar Jahren bin ich ihm mal wieder begegnet. Wahrscheinlich reist er noch heute auf diese krumme Tour.

Ich werde die Insel auch jetzt, nach meiner aktiven Zeit, weiter besuchen. Mit meiner Familie bevorzuge ich die Bucht von Alcúdia, weil hier ein so schöner, kinderfreundlicher Strand ist. Außerdem hat man von hier aus einen guten Start in die Berge und ins Inselinnere.

Einen Einkehrtipp für Radsportler zum Schluss: Fahrt zu den Golfplätzen. In den Clubhäusern gibt es besten Café con leche und sensationellen Kuchen. Menschen in Radklamotten sind dort auch keine Seltenheit.

Rolf Aldag, geboren 1968, gehört zu den bekanntesten deutschen Radprofis. Er fuhr 13 Jahre lang für das Team T-Mobile, mit dem er zehnmal an der Tour de France teilnahm. In seinem Team war er immer als Spaßvogel bekannt. Doch seinen größten Auftritt hatte er neben Erik Zabel in dem Dokumentarfilm »Höllentour«. Heute arbeitet er als Co-Kommentator und ist seit November 2006 neuer Sportlicher Leiter des Teams T-Mobile.

Masse und Maße

Die ersten Kilometer auf der Insel

Von Nic Leonhardt

»Meine Damen und Herren, willkommen auf der Ferieninsel Mallorca. Die aktuelle Temperatur beträgt 16 Grad, wir haben leichten Wind, es ist wolkenlos. Wir möchten Sie bitten, noch so lange angeschnallt sitzen zu bleiben, bis wir die endgültige Parkposition erreicht haben und die Anschnallzeichen über Ihnen erloschen sind. Vielen Dank.«

»Ferieninsel« – ich glaub, meine Kette quietscht! Vielleicht für die Westenträger oder die Dauerwellen da vorne. Aber für mich? Wenn der Frühling im kalten Deutschland noch nicht angekommen ist, ist Mallorca für Radamateure wie mich Trainingsareal, Speedplatz und Aufbaubezirk, aber kein Wunschkonzert und schon gar keine »Ferieninsel«. Diese Einstellung verbrüdert die Handvoll Biker, die ebenfalls in diesem Flieger sitzen – und wird sie beim Rückflug trennen wie den Weizen von der Spreu ...

»Nach Mallorca wollen Se? Is da net grad die Mandelblüt'?«, hatte die Taxifahrerin auf dem Weg zum Flughafen schwadroniert. Und bevor meine charmante Begleitung noch höflich antworten konnte, war ich ihr schon ins Wort gefallen: »Mandelblüte oder nicht. An Mandeln interessiert mich nur der Vitamin B-Gehalt.«

Man muss solche Unterhaltungen auch mal abkürzen, sie führen zu nichts.
Ich hatte Erfolg.

Sportpoet in Port de Pollença

Schon beim Check-in am Flughafen tummelte sich eine Gruppe drahtiger und weniger drahtiger Radsportler um ihre Radkoffer. Einer krempelte das Hosenbein hoch, um den staunenden Kameraden gleich vorab den Wind aus den Segeln zu nehmen: »Frisch rasiert, extra für euch, klasse, wa?« – »Wer rasiert, verliert, alte Radfahrerregel, weißt du doch!« Johlen, Lachen, Schulterklopfen, und dann stießen die Jungs an, mit Wasser oder anderen Softdrinks aus ihren Radfahrernuckelflaschen.

Trinken ist nicht das Ziel der Mallorca-Radtouristen. Überhaupt ist Vergnügen bei uns anders definiert. Es ist eng an unser Ziel gebunden: aus noch unbeseeltem Fleisch stahlharte Schenkel zu machen und aus überflüssigen Satteltaschen griffige Waschbretter, auf denen man spanische Gitarrenklänge klimpern könnte. Man fährt also nicht zum Vergnügen auf die Insel, sondern zur Arbeit an sich selbst. Das Vergnügen kommt von ganz allein – wenn die Arbeit glückt.

Kofferband, Ausgang, Transfer zum Sporthotel. Die Warteschlange an der Rezeption gibt Zeit, die anderen Radfahrer schon einmal zu beschnuppern. Tickets, Ausweise und die anderen Dokumente habe ich meiner Freundin übergeben. Sie hält mir während der Zeit hier den Rücken frei, damit ich mich aufs Wesentliche konzentrieren kann. Das ist so ausgemacht. Zur Belohnung darf sie auch mal mitfahren – wenn sie's durchhält.

In meinem Brustbeutel trage ich nur ein Dokument, das wohl wichtigste: meinen Trainingsplan. Bis aufs kleinste Detail berechnet. Dem Zufall überlasse ich hier nichts. Auf Mallorca folgt für mich auf die Form die Funktion.

Wir gehen zum Körpervermessen und Radverleih. Weil sie ein wenig mit dem Werkstattmitarbeiter flirtet, während ein älterer Mechaniker die Länge meiner Prachtschenkel bestimmt, hat meine Partnerin unvermittelt ein Rad der Extra-Klasse unter ihrem Po – zum Preis eines Durchschnittsrads. Ich muss schlucken, lass mir aber nichts anmerken und beschließe, es ihr zu gönnen.

Mit meinem Leihrad im mittleren Preissegment fühle ich mich ein wenig unsicher. Für einen Augenblick bereue ich, dass ich meine Rennmaschine zur Schonung zu Hause gelassen habe. Sie lacht und bringt mich zur Vernunft: »Egal wie's aussieht, strampeln müssen wir doch alle selbst.«

Im Radstall – einem riesigen Zelt, in dem die Fahrräder aller Gäste geparkt werden – hängt neben den uniformierten Leihdrahteseln auch die Crème de la Crème der jüngsten Fahrradtechnologie. Eines ist jetzt schon klar: In Sachen Material wird hier geklotzt.

Parkhaus in Platja de Muro

Gekleckert wird beim abendlichen Buffet, das von einer Horde ausgehungerter, größtenteils ausgemergelter Radsportler gestürmt wird, als gäbe es kein Morgen und als hätte es gestern nichts gegeben. Kleckern und Klotzen geben sich sozusagen die Hand auf der Herrenoberbekleidung: Etwa 70 Prozent der Hotelgäste tragen Finisher-Shirts in allen Farben, aus allen Regionen – und mit allen möglichen Nudel- und Eissoßen bekleckert. Sie verkehren zwischen Salatbar, Paella-Pfanne und Schokopudding, die Zahlen und Schriften auf Brust und Rücken künden von ihren gigantischen Leistungen, die eingetrockneten Speiseflecken zeugen von ihren menschlichen Schwächen.

»Wahre Größe braucht keinen Schriftzug«, denke ich, ganz in Zivil, und schlecke mir den Eisrest aus dem Mundwinkel.

Nach meinem vierten Gang (zweimal Kohlenhydrate, einmal Eiweiß, ein klitzekleines Mal zur Belohnung) schlurfe ich Richtung Bett.
Morgen wird ein anstrengender Tag.

Als wir zum Frühstück tapsen, kommen uns die ersten Sportler in Radmontur entgegen. »Respekt, schau dir das an«, sage ich zu meiner Begleitung. »Vielleicht reisen die heute ab und wollen frühmorgens noch ein paar Runden drehn.« Sie wird recht haben.

Beim Frühstück treffe ich einen Bekannten, der »nur zum Spaß« hier ist, und der mir erzählt, dass ein anderer Bekannter ebenfalls vor Ort ist, aber richtig Ernst macht: Vier Wochen hat er sich auf Malle einquartiert und macht zu allem Überfluss noch als Gruppenleiter einer Speedgruppe mobil. Dass meine Freundin sagt: »Wow, dann ist er danach sicher richtig gut in Form«, überhöre ich beim Kauen meines Dörrobstes.

Erste Ausfahrt, alles läuft bestens, die Räder schnurren durch die Landschaft, alles ist vergnügt. Für einen Augenblick schenke ich dem wunderschönen Panorama von Bergen, Feldern und Schafen meine Aufmerksamkeit. Gäbe es das Wort »malerisch« noch nicht, es müsste hier erfunden werden. Bevor ich aber zu poetisch werde, konzentriere ich mich wieder auf die Trittfrequenz; jetzt mal nur mit dem linken Bein treten, dann mal nur mit dem rechten Bein. So steht's im Plan. Und was im Plan steht, bringt dich voran.

Wir werden von anderen Radfahrern überholt.
Und noch mal.
Und wieder.
Und erneut.
»Mach dir nichts draus, die fahren alle größere Gänge«, ruft die Kleine von hinten.

Ich weiß, warum ich sie mitgenommen habe, ihre Sachlichkeit beruhigt mich. Ich schalte trotzdem wenigstens einen klitzekleinen Gang höher. Nach drei Stunden soll's erst mal gut sein für heute.

Mit leicht geröteten Gesichtern und brillenförmigen weißen Aussparungen um die Augen sitzen wir abends hungrig wie die Wölfe im Speisesaal. Der Bekannte naht: »Na, und? Wie viel seid ihr gefahren heute?« – »So vier Stunden, mit Pause. Und du?« – »Heut' mal nur 140 km, 28er-Schnitt. War nicht so in Form. Hab zwei Pausen gemacht.« –

»Na, dann lass es dir mal schmecken.« – »Ja, ihr euch auch.«

Der Bekannte geht siebenmal ans Buffet. Er trinkt ein Bier. Ich trinke Agua con gas und gehe viermal (zweimal Eiweiß, einmal Kohlenhydrate, ein leckeres Mal als Entschädigung).

Die Trainingstage spielen sich ein. Die Kilometerkarte füllt, die Trainingsstunden summieren sich.

Ans Überholtwerden habe ich mich gewöhnt. Wenn ein Pulk vorbeischnarrt, gucke ich jedes Mal betont gleichgültig auf meine Pulsuhr oder nach hinten: Sie guckt in die Felder oder quietscht vor Vergnügen beim Anblick der Schafe und Esel. Es ist eine leistungsorientierte Fahrt mit urlaubsähnlichen Einsprengseln. Das ist erlaubt, steht dem Trainingsplan nicht zuwider.

Am fünften Tag gönnen wir uns nach der letzten Runde Café con leche und Tarta de Queso am Hafen von Alcúdia. Ich fange an, das Trainingslager zu genießen, will gerade im Übermut noch ein Erdbeertörtchen bestellen – als der andere Bekannte mit seiner Speedgruppe auftaucht.

Er kommt an unseren Tisch: »Hallo, habe schon gehört, dass du auch hier bist. Und, biste fit?« – »Klar, bin im Aufbau. Du bleibst vier Wochen, richtig?« – »Ja, bin jetzt eine Woche hier und hab schon Wettkampfgewicht«, grinst er und guckt (so bilde ich mir ein) auf den aufgespießten Kuchenrest auf meinem Teller.

Und dann erzählt er, dass er gerade 160 km gefahren ist. In fünf Stunden. Ohne Pausen. No rest. Voll Speed. Nach einem Espresso saust er mit seiner Gruppe von dannen. »Lockeres Ausradeln. Morgen die Classic. Ciao!« »Tschau.« Ich storniere das Erdbeertörtchen. Gibt ja gleich schon wieder Abendbrot.

»Lange hält er das nicht durch«, sagt meine Perle. Sie wird recht haben. Was bringt's, wenn man im März schon die Form hat? Sie zu halten, das ist schwierig. Die Form zu halten, das ist das Harte.

Meine rechte Wade ist verhärtet. Muskelkater habe ich nicht. Sie auch nicht. Komisch. »Bis du eigentlich im letzten Jahr zur gleichen Zeit auch so wenig gefahren?«, fragt sie abends, auf ihrem Salatblatt kauend. »Was heißt hier ›so wenig‹? So wie's im Plan steht eben.« Ich grübele und denke nach: ob's zu wenig ist, zu lasch, zu soft, verschlucke mich in meiner Versunkenheit an einer Fritte, als ich den Bekannten schon aus der hintersten Ecke des Speiseraums in unsere Richtung schlurfen sehe. Jetzt wird er wieder fragen. »Und, was seid ihr heut gefahren?«

Soll ich einfach mal lügen? Damit er Ruhe gibt? Damit ich auch mal mehr hab'? – Ach, ist doch Käse. Schinderei ist Kinderei. Schließlich trainiere ich nach Plan. Kilometer sind da nicht alles. »Ich hab heute mal 'nen Ruhetag eingelegt«, kommt er mir zuvor. »Hab mich gestern verheizt. Und außerdem bin ich ja auch ein bisschen zum Erholen hier. Darf ich mich zu euch setzen?« Klar doch.

Wir gehen noch mal zusammen ans Buffet. Er achtmal. Ich viermal (einmal Kohlenhydrate und Eiweiß, dreimal für den Gaumen, weil's so gut tut). Er zwei große Bier. Ich drei kleine. Die Kleine keine.

Ich lasse meinen Blick schweifen. Sonnenerhitzte Gesichter. Neue Flecken schimmern auf den Finisher-T-Shirts wie Stempel auf Fleißkärtchen. Sie kümmern nicht und machen unbekümmert. Man trainiert hier hart und ist doch im Urlaub.

»Manche sagen, für uns Radfahrer sei Mallorca ein Schauplatz der Eitelkeiten«, schmatzt mein Bekannter. »Ach was: Die Insel ist ein Speed- und Spielplatz für Große«, grinst meine Freundin. »Wer zum Radeln nach Mallorca fährt, will Masse in Maßen, will Maß und Spaß«, proste ich den beiden zu. Morgen geht's zurück. Die Funktion ist da. Die Form wird schon noch folgen. Meine Satteltaschen nehme ich wieder mit. Was will ich um diese Jahreszeit schon mit einem Waschbrett.

»Und, wie viel biste gefahren?«, fragen die Jungs am Radfahrerstammtisch daheim nach meiner Rückkehr. »1001 Stunden, erdbeerige Schnitte, quer durch die Schönheit ...« Meine Radkameraden schauen mich irritiert an. Sie bestellen ein Weizen für mich.

Ich streiche mir über den Bauch. Und plötzlich füllt sich der Raum mit spanischen Gitarrenklängen. Die Kleine steppt in ihren Klick-Radschuhen den Kastagnetten-Part. Ich summe leise mit ... »Wisst ihr was? Auf Mallorca würde ich gerne mal Ferien machen. War eigentlich jemand von euch schon mal zur Mandelblüte dort?«

Nic Leonhardt, Jahrgang 1975, arbeitet als Wissenschaftlerin und freie Autorin. Seit 2004 schreibt sie Sportkolumnen. Von ihr erschien u. a. das Buch: sportpoet. Siebzehn Spitzen zu Fitness und Wellness. Sie lebt in Frankfurt (www.sportpoet.de).

Manche Radfahrer kommen seit Jahren und waren noch nie im Meer.

Immer besseres Essen

Die harten Jahre im Trainingslager

Von Udo Bölts

Vor über 20 Jahren bin ich das erste Mal auf Mallorca Rad gefahren. Und wenn ich so zurückblicke, dann ist mit den Jahren vor allem das Essen immer besser geworden. Das hat nichts mit den mallorquinischen Köchen zu tun, sondern damit, dass wir im Laufe der Jahre immer bessere Hotels hatten.

1984 war ich mit der Juniorennationalmannschaft in El Arenal in irgendeinem billigen Hotel. Da gab es nichts wirklich Tolles zu essen und auch nicht wirklich viel.

Wir haben wie die Irren trainiert damals und hatten entsprechend viel Hunger. Da haben wir uns immer mal in den Supermarkt gegenüber geschlichen und mit Schokolade und Keksen eingedeckt. Und wenn wir was fürs Rad brauchten, haben wir es in dem heute fast legendären Radladen Ciclos Qintanas in El Arenal besorgt.

1992, ich war bereits Profi beim Team Telekom, bin ich zusammen mit Erik Zabel, Mario Kummer, Axel Merckx und einigen anderen auf Mallorca gewesen. Das haben wir damals noch auf eigene Faust gemacht und selbst organisiert. Ohne großes Begleitteam. Ein Masseur war dabei, das war der Vater eines Rennfahrers.

Wir wohnten im Hotel San Diego in El Arenal, das ist heute ein richtiges Kulthotel für Radsportler. Unser Pflichttermin: Nach dem Training haben wir uns um 17 Uhr immer mit Boccadillo (Sandwich) und Café con leche zum Klavierspieler gesetzt. Und er hat nur für uns gespielt. Eine bleibende Erinnerung. Auch für Zabel, Lothar Leder und viele andere, mit denen ich da schon gesessen habe.

Wir hatten uns in diesen Wochen ein hartes Training verordnet. Schließlich waren wir alle in einem Top-Team und wollten dort auch bleiben. Am Morgen 100 Kilometer Intervalltraining, am Nachmittag noch einmal 100 Kilometer für die Ausdauer.

Axel Merckx war damals gerade 20 und ganz frisch im Team. Ich glaube, den haben wir ganz schön kaputt gefahren. Abends waren wir dann alle richtig platt. Zum Feiern hatten wir keine Power mehr und damals eigentlich auch kein Geld.

Dann ging es langsam los, dass wir mit dem Team Telekom ins Trainingslager nach Mallorca fuhren. Da wurden dann allmählich die Hotels besser und auch das Essen. Einige Jahre nahmen wir Quartier im Hotel Valparaiso in Palma. Ein Fünf-Sterne-Haus, super. Da macht es Spaß, Radprofi zu sein. Aber so richtig genießen konnten wir das natürlich nicht, schließlich waren wir nicht im Urlaub, sondern auf Dienstreise. Da war an Feiern oder Herumhängen nicht zu denken.

Manchmal haben wir es natürlich doch krachen lassen. Ich erinnere mich an einen Abend 2001, als wir mit einigen Leuten nur mal kurz auf einen Kaffee ins berühmte Café Cappuccino am Hafen von Palma gegangen sind. Mit dabei war Andreas Klier. Irgendwann teilt Andi uns mit, dass er Geburtstag habe, es war, glaube ich, sein 25. Das musste natürlich gefeiert werden. Und zwar richtig. Für den Rückweg zum Hotel benötigten wir mit den Rädern die gesamte vierspurige Straße.

Nach dem Trainingslager stand dann immer gleich die Mallorca-Rundfahrt an. Das war immer ein Pflichttermin für mich, nichts Weltbewegendes. Von der Schönheit der Insel sieht man im Rennen sowieso nichts.

Aber auch außerhalb der Trainingslager bin ich immer wieder mit ein paar Trainingspartnern nach Mallorca gereist. Gerne auch im Dezember. Dann ist es zwar auch nicht wirklich warm auf der Insel, aber immer noch besser als in Deutschland.

Meine liebste Ecke auf Mallorca ist die Gegend um Andratx. Die Landschaft, die kleinen Orte am Meer, und mit dem Rad ist man sofort in den Bergen. Als Sportlicher Leiter bin ich mit dem Team Gerolsteiner 2006 in der Nähe in Camp de Mar im Trainingslager gewesen, und wir werden sicher wiederkommen.

Meine liebsten Strecken liegen in dieser Ecke. Die Küstenstraße von Andratx nach Alcúdia, der Col de Galilea, Puigpunyent, tolle Strecken, schöne Landschaften. Ich kenne mich inzwischen verdammt gut aus auf der Insel, und ich werde immer wiederkommen.

Udo Bölts, Jahrgang 1966, hat mit dem Team Telekom (später Team T-Mobile) zwölfmal in Folge an der Tour de France teilgenommen. Sein Appell an Jan Ullrich »Quäl' dich, du Sau!« bei der Tour 1997 ist legendär. Bölts arbeitet heute als Sportlicher Leiter für das Team Gerolsteiner.

Udo Bölts

Über Stock und Stein

Mountainbiken auf Mallorca

Von Didi Haueis

Fernab vom Massentourismus bietet Mallorca nicht nur ideale Bedingungen für Rennradsportler, sondern auch für Mountainbiker. Obwohl der Ansturm von Off-Road-Radlern bislang noch nicht eingetreten ist, hat sich Mallorca mittlerweile zu einem echten Eldorado für Mountainbiker entwickelt. Traumhafte Touren auf flachem Terrain im Süden und in der Inselmitte und anspruchsvolle kurvige Höhentrails durch das Tramuntana-Gebirge lassen das Herz des Off-Road-Fans höher schlagen. Egal ob Anfänger, ambitionierter Fahrer oder Profisportler, die Kombination von landschaftlicher Schönheit und sportlicher Herausforderung macht Mallorca zu einem besonderen Erlebnis.

Auf Grund des milden Klimas ist Mallorca für Mountainbiker ein Ganzjahresziel. Empfehlenswert sind jedoch Frühjahr und Herbst. Juli und August sind insbesondere für Touren ins Landesinnere nicht unbedingt geeignet. Zum einen ist es sehr heiß, und die Landschaft ist im Hochsommer auch nicht so attraktiv. Wer dennoch im Sommer unterwegs ist, sollte Touren im Norden und Westen durch Schatten spendende Wälder planen. Während der Wintermonate locken die frühlingshaften Temperaturen in den Tälern nicht nur viele Touristen nach Mallorca, sondern auch Mountainbiker. Man sollte jedoch bedenken, dass es gerade in den Höhenlagen des Tramuntana-Gebirges schon empfindlich kühl sein kann. Manchmal radelt man sogar an Schneefeldern vorbei. Warme Kleidung und Regenjacke sollten in der kühlen Jahreszeit also immer im Gepäck sein. Am schönsten ist es auf der Insel aber immer noch zur Mandelblüte, die bereits im Januar beginnt und bis April/Mai anhält.

Der besondere Reiz der Insel als Eldorado für Mountainbiker liegt in ihrer Kompaktheit, aber auch der Mix aus warmem Wetter, guter Infrastruktur und atemberaubender Landschaft führt immer mehr Mountainbiker nach Mallorca.

In nur ein bis zwei Stunden gelangt man mit dem Auto von Nord nach Süd oder von West nach Ost. Dem Radler erschließen sich damit facettenreiche Ausfahrten von der Gebirgstour bis zur Küstenroute. Und gerade das macht die Insel für Mountainbiker so interessant: Man kann zwischen den unterschiedlichsten Terrains wählen, ohne stundenlanges Autofahren in Kauf nehmen zu müssen. So entfällt auch vor der Buchung der Reise die Entscheidung, ob Gebirgstour oder Küstenrallye. Das lässt sich dann ganz spontan an Ort und Stelle entscheiden.

Obwohl man auf der gesamten Insel Wege zum Mountainbiken findet, gibt es doch bestimmte Regionen, die für das Off-Road-Abenteuer besonders geeignet sind. Am beliebtesten ist das Tramuntana-Gebirge im Westen der Insel mit zahlreichen Gipfeln jenseits der 1000-Meter-Marke. Idyllische Bergdörfer, malerische Täler, abgelegene romantische Badebuchten, alpine Gebirgslandschaften, Trails entlang der Steilküste und einsame Schotterpisten zwischen Olivenhainen und alten Fincas garantieren jede Menge Abenteuer, Spaß und Abwechslung.

In dieser Region gibt es viele interessante Touren. Bei der Routenplanung sind unter anderem auch die Fremdenverkehrsinstitute der Insel in Deutschland behilflich. Zum Teil geben die Ämter sogar spezielle Broschüren zum Mountainbiken auf Mallorca heraus. Worauf der Mallorca-Mountainbiker hier jedoch gänzlich verzichten muss, sind Aufstiegshilfen (Lifte/Seilbahnen), wie sie in Österreich üblich sind. Bevor man die Abfahrt genießen kann, kommt man beim Aufstieg erst einmal ordentlich ins Schwitzen.

Ebenfalls sehr beliebt ist die Gegend rund um Artà im Osten der Insel. Obwohl hier die wenigen Erhebungen die 500-Meter-Grenze kaum überschreiten, machen die wunderschönen Strecken und die faszinierenden Panoramaaussichten von den kleinen Bergen das östliche Mallorca zu einem lohnenden Ziel.

Auch weniger sportlich ambitionierte Radler, die keine großen Höhenunterschiede auf ihrer Tour überwinden wollen, finden auf der Insel ideale Wege zum Biken. Insbesondere an Ost- und Südküste sind viele kleine Buchten zum Teil nur über schmale und einsame Schotterpisten zu erreichen. Die pittoreske Küstenlandschaft lädt auch zum Baden und Picknicken ein.

Ein Paradies für Off-Road-Künstler

Immer zu beachten sind die Durchgangs- bzw. Durchfahrts-Verbotsschilder (Prohibido el Paso), die abseits der Straßen meist auf kleinen Wegen zu finden sind. Die Schilder signalisieren in der Regel Privatbesitz. Wer das Grundstück dennoch betritt, muss mit unangenehmen Folgen rechnen. Nicht selten kommt einem dann ein übel gelaunter frei laufender Hund entgegengerannt, der sich durch gutes Zureden oder Streicheln ganz bestimmt nicht beeindrucken lässt.

Wer in den Gebirgszügen der Tramuntana unterwegs ist, sollte ein gewisses Maß an Fahrkönnen mitbringen. Die steilen Anstiege und Abfahrten auf oftmals ausgewaschenen und unbefestigten Trails erfordern neben einer ordentlichen Portion Ausdauer auch jede Menge Geschick und Fahrtechnik. Ab und an muss das Rad sogar geschultert werden, weil das Passieren des Pfades anders nicht möglich ist.

Unerlässlich ist auch das Kartenlesen. Wer Schwierigkeiten mit der Orientierung hat, sollte sich lieber einen Guide nehmen. Mittlerweile gibt es auf Mallorca etliche Reiseveranstalter, die speziell geführte Mountainbiketouren anbieten.

Eine Federgabel ist für die überwiegend steinigen Wege auf felsigem Untergrund, die zum Teil sehr winkelig und stark abschüssig sind, unerlässlich. Wenn das Mountainbike noch eine leichte Federung am Heck besitzt, umso besser.

Gute Bremsen sind selbstverständlich. Gerade im Off-Road-Bereich müssen die Bremsen eine Menge aushalten. Deshalb sollte man idealerweise ein Rad mit Scheibenbremsen für das Abenteuer Mallorca wählen. Wer es sehr sportlich und risikoreich mag, ist mit einem Freerider mit bis zu 15 Zentimeter Federweg (mehr ist eher hinderlich) gut beraten.

Ersatzteile sollte man am besten selbst mitbringen. Insbesondere für spezielle Räder mit beispielsweise Scheibenbremsen ist es schon schwierig, zum Beispiel die richtigen Bremsbelege zu bekommen. Dennoch bietet der Sportsupermarkt DECATHLON nördlich von Palma (auf der Straße nach Inca) ein großes Sortiment an Fahrradzubehör und Ersatzteilen.

Didi Haueis leitet die Mountainbikestation von Max Hürzeler Bicycle Holidays in Can Picafort.

Stilfragen für Einsteiger

Kleiner Insel-Knigge für Radsportler

Immer schön freundlich

Grüßen

Wer im Vorbeifahren freundlich grüßt und »Hallo« sagt, outet sich gleichzeitig als Hobbyfahrer und Deutscher. Was ja beides keine Schande ist. Aber Semi-Profis und Iron-Männer, die hier verbissen ihre Runden drehen, grüßen nicht. Was nicht wirklich nett ist und an dieser Stelle angeprangert werden soll, damit es sich ändert.

Die Land- und Dorfbevölkerung grüßt und wird gegrüßt. Ein freundliches Hola, wenn man während der Siesta mal wieder viel zu zackig durch enge Gassen rauscht und den plaudernden Omas fast das Herz stehen bleibt, ist immer angeraten. Auch Bauarbeiter, die mit Schubkarren oder Lastwagen völlig blind und taub auf engen Straßen herumrangieren, freuen sich über den knappen spanischen Gruß, wenn man denn die Begegnung mit ihnen überlebt hat.

Fingerzeigen

Es gibt für Radfahrer im mallorquinischen Verkehr sicher oft genug gute Gründe für zornige Gesten. Aber als Gast und irgendwie besserer Tourist hat man auch eine Pflicht, dem Ballermann-Image entgegenzuwirken. Also Faust am Lenker ballen und Maul halten.

Trikot

Das Trikot des Radreiseveranstalters deiner Wahl ist natürlich Pflichtklamotte. Es zeigt deine Stammeszugehörigkeit. Da die Veranstalter ihre Trikots clever jährlich neu designen, kannst du mit den Trikots der Vorjahre zeigen, dass du ein alter Hase bist (oder zu geizig, die ollen Dinger mal auszumustern). Bei Gruppenfahrten des Veranstalters A das Trikot des Veranstalters B spazieren zu führen weist dich als selbstbewussten Nonkonformisten aus, aber auch als bindungsunwillig.

Von besonderer Strahlkraft ist das Trikot deines heimatlichen Radsportvereins. Markiert es dich doch als wahren Ganzjahressportler und unterscheidet dich von denen, die nur auf der Insel fahren und folglich nur Veranstaltertrikots besitzen.

Modische Krönung auf dem asphaltierten Laufsteg ist das Finisher-Trikot eines bedeutenden Marathons oder Jedermannrennens, besonders reizvoll mit Angabe von Streckenlänge und

Höhenmetern. Sorgt immer für Gesprächsstoff und sichert dir einen oberen Platz in der Gruppenhierarchie.

Gruppe: Einer zieht, die anderen schieben.

Gruppenverhalten

Gruppenfahren auf Mallorca kann etwas paradox sein. In einer privaten Gruppe gehört es sich, wie überall anders auch, dass jeder mal den Leib in den Wind hält und die anderen sich hinter ihm ausruhen können. Besonders auf den langen, nur leicht kupierten Geraden in den Osten der Insel ist das Bedingung.

In geführten Gruppen gilt: Der Gruppenleiter fährt vor. Das garantiert, dass die vereinbarte Geschwindigkeit eingehalten wird, und ist für die ganze Gruppe ja auch sehr kommod. Man (besonders Mann) fühlt sich aber auf Dauer ein bisschen wie ein Küken hinter der Henne und neidet dem Gruppenleiter seine Fitness, die er durch die Dauerbelastung erreicht. Besonders, wenn er 20 Jahre älter ist als man selbst oder eine Frau.

Besuch im Kloster

Mönche und Radsportler haben etwas gemeinsam: Sie lieben Berge. Und so landet man auf Mallorca zwangsläufig am Kloster Lluc oder Sant Salvador oder einer der anderen sehenswerten geistlichen Stätten. Mit Radklamotten kommt man sich in den heiligen Hallen immer ein bisschen blöd vor. Lästert man doch gerne über dicke Ballermänner, die in kurzen Hosen, Muscle-Shirt und freischwingender Wampe völlig tabufrei umherziehen. Nur: Was soll man machen? Eine Jeans in der Trikottasche mitführen? Oder die interessanten Stätten nur von außen betrachten? Nach Rücksprache mit mehreren Geistlichen können wir sicher sagen: Auch Gott ist Radfahrer und entsprechend tolerant.

Statue am Sant Salvador

Rennrad

Der überwiegende Teil der Mallorca-Radler fährt auf den mehr oder weniger guten Einheitsrädern seines Veranstalters herum. Da sind die Möglichkeiten des Distinktionsgewinns durch Differenzierung – oder zu Deutsch: Ich bin besser, weil ich was Besseres habe – eher gering. Da ist vorne, wer wenigstens den Billigtacho des Mietrades durch den mitgebrachten 2,5-Kilo-Hightech-Bord-Computer mit Höhenmesser, Navigationssystem und Online-Coach austauscht. Wer sein Carbon-Schnittchen mit vierstellig-teuren Laufrädern von zu Hause mitbringt, macht natürlich noch mehr Punkte. Es kann bei der ganzen Transportiererei aber auch zu Bruch kommen.

Helm

Wenn dir einer nur mit Kopftuch entgegenkommt, ist es sicher ein Einheimischer. Helmlos auf dem Rennrad kann auf Mallorca angeblich bis zu 100 Euro kosten. Und manchmal auch das Leben.

Beine

Einigermaßen stark sollten sie bereits sein, wenn du auf die Insel kommst. Rot sind sie nach ein paar Tagen, und schließlich werden sie braun. Aber müssen sie auch bei Männern rasiert sein? – Ja.

Ernährung

Profis, die während des Trainingslagers in Hotels wohnen, die auch von Hobby-

Kohlenhydratzufuhr

fahrern bevölkert sind, berichten von unglaublichen Szenen. »Die gucken dir das Essen vom Teller runter«, berichtet Ironman Lothar Leder. »Die wollen alle sehen, was du isst, als ob das ein besonderes Geheimnis wäre.« Tatsache ist: Die meisten Jedermänner stehen beim Frühstück gegen jede Ernährungsregel bei Eiern und Speck an und abends an der Theke bei Bier und Hierbas. Das ist korrekt so, schließlich ist Urlaub.

Warnen

Schlaglöcher, Schienen und Hindernisse werden mit den bekannten Handzeichen den Hinteren angezeigt. Das ist klar. Etwas unübersichtlich wird es, wenn in einer großen Gruppe, die schnell unterwegs ist, ständig eine Hand vom Lenker genommen wird, um eines von unzähligen Schlaglöchern anzuzeigen. Da reicht es, wenn das jeder Dritte macht. Zumal dein Hintermann längst im Schlagloch drinhängt, bevor er dein Zeichen bemerkt hat.

Lustig ist es, wenn eine Gruppe durch ein von rechtwinklig angeordneten, unübersichtlichen Gassen durchzogenes Örtchen wie zum Beispiel Muro fährt. An jeder Kreuzung die Rufe: Frei, frei, guat, o-kee. Wer sich konzentriert, kann mit geschlossenen Augen feststellen, wie groß die Gruppe ist und wo die einzelnen Leute herkommen.

Alles so vertraut

Wie es einen immer wieder hierher zieht

Von Lothar Leder

Radfahren auf Mallorca, das beginnt für mich in S'Arenal. Da waren Nicole und ich bereits vor vielen Jahren, als wir Mallorca das erste Mal besuchten. Und auch wenn wir inzwischen an vielen anderen schönen Ecken der Insel Quartier gemacht haben, so zieht es uns doch immer wieder dorthin. Wir sind jedes Jahr im Frühjahr auf Mallorca, meistens für zwei Wochen, und wenn möglich noch einmal zu den Osterferien.

Die schönste Zeit ist aber für mich der Dezember, wenn in den Dörfern schon überall die Weihnachtsbeleuchtung hängt. Das ist ein ganz anderes Mallorca. Ein anderes Licht, ein anderer Duft und eine zauberhafte Stille. Dann fahre ich gerne in die Berge, Richtung Orient. In Bunyola gibt es ein Eck-Café, das um diese Zeit geöffnet hat. Ansonsten ist fast alles geschlossen. Die Landschaft ist nicht mehr so trocken und verbrannt wie im Oktober. Langsam wird alles wieder grüner. Da oben bin ich vor Jahren auch mal mit dem Team Telekom eine Trainingsrunde gefahren. Da kam ich dann schon an meine Grenzen. Die fahren einen ganz anderen Rhythmus. Am Berg, wenn ich schon fast am Anschlag bin, plaudern die noch ganz locker.

Ein echter Tipp ist der berühmte Ballermann 5 an der Platja de Palma im Dezember und Januar. Nicht zum Saufen, sondern zum Radfahren. Jeden Tag um 10 Uhr treffen sich hier die Radsportler: Profis, Triathleten, Ex-Profis, Hobbyfahrer – eine bunte Truppe, jeder kann mitfahren. Und dann geht es an der Küste lang bis Santanyí und von dort Richtung Cala Millor. Über die Inselmitte geht es zurück Richtung Palma. Eine schöne Strecke, die man auch im Dezember, wenn es früh dunkel wird, gut packen kann.

Ich bin drei- bis fünfmal im Jahr auf der Insel und kenne mich sehr gut aus. Ich kann fast von jedem Punkt zuverlässig sagen, wie viele Kilometer es noch zum Ausgangspunkt sind. Eine Eigenschaft, die ich mit Kai Hundertmarck teile. Ich nutze aber auch gerne die Flugzeuge als Orientierung: Wo die starten und landen, ist Palma …

Das sprichwörtliche gute Wetter auf Mallorca macht auch manchmal Pause. Einmal haben wir mit einer großen Gruppe im Februar in Artà plötzlich heftigen Schneefall erlebt. Sofort lagen zwei bis drei Zentimeter, und an ein Weiterfahren war nicht zu denken. Zwei Stunden haben wir im Café gesessen, bis der Spuk vorüber war.

Ein festes Ritual bei jedem Mallorca-Aufenthalt ist für mich am ersten und letzten Tag eine Tasse Kaffee im wunderschönen Sineu. Um 17 Uhr sitze ich dann dort in der Bar Sabina. Neulich habe ich ausgerechnet dort einen alten Kumpel getroffen, den ich seit fünf Jahren nicht gesehen hatte. Mein Lieblingsrestaurant: das Restaurant Vienna in

Ca's Concos, zwischen Santanyí und Felanitx. Österreichische Küche vom Feinsten.

Wer bekannte Radsportler mal abseits der Trainings- und Rennstrecken sehen will, der geht im Januar in die einzige Stripbar, die in S'Arenal zu dieser Zeit geöffnet hat. Dort kann er sicher ein paar bekannte Gesichter entdecken.

Es gab eine Zeit, da habe ich Mallorca gehasst. Ich war als Junior einfach zu oft hier, und das war nicht immer angenehm, was Unterkunft und Trainingspensum angeht. Heute fahre ich nur selten mal zum Training nach Südafrika oder Lanzarote. Hier auf Mallorca ist einfach alles so vertraut.

Lothar und Nicole Leder (beide Jahrgang 1971) gehören zu den erfolgreichsten deutschen Triathleten. Zu ihren größten Erfolgen gehören Siege bei zahlreichen Ironman-Wettbewerben. Sie sind seit 1999 miteinander verheiratet.

Malerische Bucht im Nordwesten der Insel

Auch Schwimmen und Laufen

Tipps für Triathleten

Von Nicole Leder

Laufstrecken findet man zwar fast überall auf der Insel, aber leider sind sie nicht immer schön. Die kleinen romantischen Pinienwälder oder ein kilometerlanger weißer Sandstrand sind nicht allerorts vorhanden. Lediglich in und um Sant Jordi gibt es diese kleinen Wäldchen. In Pollença und Alcúdia beschränken sich die Laufmöglichkeiten hingegen auf umliegende Asphaltstraßen. Da der Schwerpunkt des Trainingslagers aber in der Regel beim Radtraining liegt und ohnehin nicht so viel gelaufen wird, ist das auch gar nicht so dramatisch.

Wer harte Laufeinheiten auf der Bahn absolvieren will, muss auch darauf nicht verzichten. In Palma und Cala Rajada gibt es moderne Tartanstadien. Der Platz in Cala Rajada gehört allerdings zu einer Schule. Zur Unterrichtszeit ist es folglich nicht so einfach, ins Stadion zu kommen. Auf jeden Fall sollte man die Bahn mieten, am besten wöchentlich. Dann läuft man nicht Gefahr, ohne Trainingseinheit wieder heimzufahren.

Schwimmen kann man eigentlich in jeder Region Mallorcas. Die Frage ist nur, welche Ansprüche man stellt. Trainingsbecken, wie wir sie aus Deutschland kennen, gibt es kaum. Eines befindet sich in Platja de Muro und gehört zum Hotel Playa de Muro, ein anderes im Club Pollença in der gleichnamigen Stadt. Obwohl es mittlerweile in fast

Eine der besseren Schwimmhallen der Insel, im Hotel Playa de Muro

jedem Ort ein Hallenbad gibt, kann man in vielen Pools nicht ungestört und gut trainieren. Es sind öffentliche Schwimmbäder, zu denen jeder Zutritt hat, vom Kleinkind über Sportvereine bis zum Rentner. Und die haben immer Vorrang. Wer mit einer Gruppe da ist, kann in den öffentlichen Bädern auch Bahnen mieten. Das sollte nur rechtzeitig getan werden. Gerade im Frühjahr ist der Andrang ziemlich groß. Über ungewohnte Schwimmzeiten im 25-Meter-Pool darf man sich nicht wundern. Selten stimmen die Maße. Oft sind es nur zwischen 22 und 24 Meter. Ein Olympia-Becken mit 50-Meter-Pools drinnen und draußen gibt es nur in Palma. Dort haben auch schon internationale Wettkämpfe stattgefunden.

Im Prinzip kann man überall auf der Insel Triathlon betreiben. Die verschiedenen Orte mit unterschiedlichstem Terrain bieten vielfältige Möglichkeiten zur Trainingsgestaltung. Wer keine langen Transfers in Kauf nehmen will, kann sich auch in Platja de Palma niederlassen. Von dort sind es nur wenige Kilometer ins Inselinnere mit flachen und welligen Strecken. Zum Bergtraining ist es auch nicht weit. Allerdings muss man dann erst einmal durch Palma radeln. Das ist aber nicht so dramatisch und kaum zu vergleichen mit dem deutschen Großstadtchaos.

Im Nordosten sind Pollença und Alcúdia ideale Trainingsstandorte. Die Inselmitte ist nur einen Katzensprung entfernt, und die Berge sind nach 20 Kilometern erreicht. Viele Triathleten kommen zum ersten Grundlagentraining Anfang des Jahres nach Mallorca. Die fast ausschließlich flachen Strecken mit lediglich ein paar hügeligen Passagen im Süden sind ideal zum Kilometerfressen zu Saisonbeginn. Ins Gebirge ist es von Colònia de Sant Jordi recht weit. Da stehen dann schon mal Touren von 150 Kilometern und mehr auf dem Plan. Wer sich im Osten der Insel wie zum Beispiel in Cala Rajada niederlässt, wird ähnliche Bedingungen vorfinden. Allerdings ist das Terrain an der Ostküste sehr wellig. Zu flachen Ausfahrten sollten die Radler Richtung Inselmitte aufbrechen.

Lothar und ich leiten immer wieder Trainingscamps für Hobbytriathleten auf Mallorca. Infos auf unserer Homepage: www.lothar-leder.de

Ein typischer Leder-Trainingstag auf Mallorca

8 bis 8.30 Uhr:
ausgiebiges Frühstück

10.00 Uhr:
120 bis 150 Kilometer Rad
oder auch mal 180 bis 200 Kilometer

Mittagszeit:
kurzer Café-Stopp – das muss sein!

ca. 15.00 Uhr:
Mittagessen – Müsli oder Haferflocken mit viel Obst

Anschließend:
Mittagsruhe – Lothar legt sich hin, und ich gehe mit Mia an den Pool, viel Erholung ist das allerdings nicht.

17.00 Uhr:
Laufen oder Schwimmen

zwischen 19.00 und 20.00 Uhr:
Abendessen

Anschließend:
gemütliches Beisammensein mit Leidensgenossen und mehr oder weniger früh ins Bett

Feinde des Radsports

Nicht alle sind immer freundlich auf Mallorca

Sonne

Wenn du am Morgen vom Norden in den Süden fährst, dann knallt dir die Sonne von Osten auf den linken Arm und die linke Wade. Wenn du dann am Nachmittag zurückfährst, hat sich die Sonne im Westen eingerichtet, sodass sie wiederum deine linke Seite erwischt. Nach ein paar Tagen bist du halbseitig verbrutzelt. Aber was will man machen, Regen ist noch schlimmer.

Schlaglöcher

Die allseits beschworene Top-Qualität der mallorquinischen Straßen schafft eine trügerische Sicherheit. Gut ist relativ, und es mag sein, dass in einem andalusischen Bergdorf die Straßen schlechter sind. Perfekt sind sie auf Mallorca jedenfalls nicht überall. Tiefe Schlaglöcher sind besonders an regenreichen Bergausläufern reichlich zu finden. Manche sind schon so lange da, dass man geneigt ist, ihnen Namen zu geben oder einen Atlas der Stolperfallen zu erstellen.

Schlaglöcher der allerfeinsten Sorte

Schafe, Ziegen, Hühner

Es ist ein nettes Fotomotiv, wenn ein paar Radfahrer mitten auf der Straße in einer Schafherde stehen. Weniger lustig ist es, wenn die Tiere hinter einer Kurve auf einem abschüssigen Streckenstück auftauchen. Oder plötzlich und alleine von der Seite. Da hilft nur schreien und bremsen.

Hunde

Mallorquinische Hunde sind – wahrscheinlich auf Grund des Klimas und der freizügigen Haltung – noch dreister und hysterischer als mitteleuropäische. Besonders in kleinen verschlafenen Käffern begrüßen sie Radler mit irrem Gekläffe und laufen ein Stück des Weges mit. Empfehlung: Luftpumpe griffbereit halten oder Fuß schon mal ausklinken, damit man Bello im Notfall zeigen kann, was sich gehört.

Touristen in Mietwagen

Wer drei Tage am Ballermann in Sangria und Bier badet und dann im reparaturbedürftigen Miet-Corsa zu einem Fünfpersonenausflug in die Berge startet, der ist in seinem Verkehrsverhalten nicht wirklich berechenbar. Einen Tipp gegen die latente Bedrohung, die hinter jeder Kehre lauert, haben wir nicht. Höchstens beten – vielleicht hilft es.

Schwätzer

Wo eine Handvoll Radler zusammenkommen, ist immer einer dabei, der schon alles erlebt, alles ausprobiert, alles gesehen hat. Und das muss er allen anderen permanent mitteilen. Beim Gruppenfahren, bei der Rast, am Abend in der Kneipe. Frei von jedem Gefühl für die Grundregeln menschlicher Kommunikation schwallt er dich zu. Gerne auch im kaum verständlichen Dialekt seiner (schwäbischen, hessischen, Graubündner) Heimat. Tipp: lächeln und nicken. Auf keinen Fall Fragen stellen.

Regen

Bei Regen kann man hier nicht fahren. Wirklich nicht. Und wenn man überrascht wird vom heftigen Guss, dann sollte man den Heimweg antreten. Vorsichtig. Auch lange nach einem Schauer ist die Piste noch schmierig.

Lastwagen

Ein Lkw hat auf Mallorca keine natürlichen Feinde. Nicht einmal TÜV oder Polizei. Und so benimmt er sich auch. Für Taxis gilt das Gleiche.

Ampeln

Nach altem mediterranem Brauch wird eine Ampel von den einheimischen Autofahrern und Fußgängern eher als freundliche Empfehlung verstanden. Es empfiehlt sich also, das Ampelsignal zu ignorieren und sich auf die eigene Wahrnehmung zu verlassen.

Vorsicht Geruchsattacke!

Schweine

Im Gegensatz zu Schafen stehen die Schinkenlieferanten meistens hinter unüberwindlichen Zäunen. Dafür kann es passieren, dass einen der Gestank urplötzlich aus dem Sattel haut.

Hierbas Tunel

Manche sagen, er schmecke wie Mallorca im Frühling. Andere vergleichen sein Aroma eher mit der Mülldeponie von Palma. Tatsache ist: Hierbas Tunel, der traditionelle Kräuterschnaps der Insel, aromatisiert mit Myrte, Thymian, Minze, Anis, Rosmarin und Majoran, wird auch von Radsportlern nach erfolgreichem Tag reichlich eingenommen: süß, mittel oder herb – Alkoholgehalt zwischen 22 und 40 Prozent – auf Eis oder handwarm.

Nach Selbstversuchen des Autors und repräsentativer Befragung von Kennern kann gesagt werden: Ein Hierbas hilft deinem Magen beim ungewohnten Essen. Zwei von den Dingern führen dazu, dass du am Abend einen höheren Schnitt versprichst, als du am nächsten Morgen halten kannst. Drei Hierbas sind nur geübten Langstreckentrinkern zu empfehlen und sollten ausschließlich vor Flachetappen ausprobiert werden. Oder wie es auf der Website des Herstellers so niedlich übersetzt heißt: »Trinken Sie gemäßigt. Es ist Ihre Verantwortlichkeit.«

Bahnschienen

Die sind überall gefährlich. Aber da es auf Mallorca kaum Bahnverkehr gibt, ist man doch überrascht, wenn man zum Beispiel in Sóller und in Port de Sóller plötzlich mit den ungünstig verlegten Stahlfallen konfrontiert ist.

Glas

Es ist bekannt und an allen Ecken zu sehen, dass es der Mallorquiner mit dem Umweltschutz nicht so genau nimmt. Das schließt auch die nicht fachgerechte Entsorgung von Flaschen mit ein. In Orten und auf Radwegen muss man immer mit Reifenkillern rechnen.

Pssst machte es, und er rief: »Sch...!«

Busse

Besonders auf Bergstrecken, die zu touristisch interessanten Zielen führen (Calobra-Pass, Cap Formentor) können sie zur Plage werden. Sie stinken, schneiden Kurven und überholen riskant, wenn es bergauf geht. Wenn es bergab geht, sind sie langsam und du kommst nicht dran vorbei. Ein Tipp: Fahr diese Strecken frühmorgens, wenn die Bustouristen noch beim Frühstück sitzen.

Tunnel

Zum Beispiel der am Cap Formentor: Unbeleuchtet, das Wasser läuft an den Wänden herunter und tropft von der Decke. Asphaltdecke lückenhaft. Vom grellen Sonnenlicht rauschst du in die Dunkelheit. Wenn du dich etwas dran gewöhnt hast, siehst du den tiefen Graben links und rechts. Vielleicht siehst du eine Ziege oder auch einen Bauarbeiter, der am Rand hockt und irgendwas ausbessert. Dann kommt ein Bus. Wenn du Reflektoren am Trikot hast, überlebst du vielleicht. Die Tunnel an der Küstenstraße zwischen Pollença und Andratx sind nicht besser.

Der Rest in Kürze

Statements & Storys

Moosi by bike

Einmal war sogar Rudolf Mooshammer zum Radfahren auf Mallorca. Er mietete bei Hürzeler in Can Picafort ein Mountainbike. Ein Korb fürs Rad musste noch besorgt werden, für seinen Hund Daisy. Dann rollte er davon. Wohin er fuhr und wie lange er unterwegs war, ist nicht überliefert.

Freuler liebt's flach

»Ich war erst 1996 das erste Mal auf Mallorca. Mit dem Phonak-Team haben wir in Platja de Muro gewohnt und trainiert. Vier bis sechs Stunden am Tag, in einem 30er-Schnitt. Das geht verdammt gut auf Mallorca. Vier Jahre lang sind wir immer wiedergekommen. Heute komme ich aus Spaß hierher mit meiner Familie oder um mit Gruppen zu trainieren.

Als Sprinter mag ich natürlich die flachen Strecken. Gerne fahre ich auch eine Runde von Platja de Muro über Sineu und zurück über Sa Pobla. Mein Lieblingshotel ist das Parc Natural in Platja de Muro. Das hat Stil und bietet auch für den Radsport alle Voraussetzungen.«

Urs Freuler, Jahrgang 1958, erfolgreicher Schweizer Radprofi, in den 1980er-Jahren zahlreiche Etappensiege bei großen Rundfahrten (z. B. dreimal Tour de France), zehnfacher Bahnweltmeister.

Ete und der Hund

Es war der letzte Tag seines letzten Trainingslagers mit T-Mobile auf Mallorca. Erik Zabel war schon in Gedanken bei der Mallorca-Rundfahrt, als ihm in irgendeinem Nest ein Hund ins Rad lief und Zabel stürzte. Der Hund konnte unverletzt fliehen, der deutsche Radstar blieb mit Verletzungen an Gesicht und Armen liegen. »Es sieht schlimmer aus, als es ist«, diagnostizierte der

Urs Freuler am Denkmal von Radlegende Francesc Alomar in Sineu

Teamarzt, und Zabel konnte ohne Verzögerung in die Saison starten. Erkenntnis: Auch Profis sind nicht sicher vor den ganz typischen Mallorca-Crashs.

Lieber Südafrika

Deutschlands Radsportlegende Didi Thurau (Jahrgang 1954) besteht darauf, dass er lieber in Südafrika fährt, als auf der Insel, und er gibt zu, dass ihm Berge gar nicht so liegen. Fährt man mit dem wortkargen Hessen dann allerdings mal zum Kloster Lluc rauf, dann darf man doch beeindruckt sein von der guten Form des Veteranen.

Didi Thurau

Kette rauchen statt schmieren

Deutschlands Oberradfahrer Rudolf Scharping klagte im Mallorca-Magazin bei seinem Besuch auf der Insel im Januar 2006 über eine starke Erkältung, die ihn am Radfahren hindere. Stattdessen habe er sich im Club Robinson intensiv mit den Fahrern und Leitern des Team T-Mobile unterhalten. Was er verschwieg, was für alle Anwesenden aber unüberriechbar war: Der ach so erkältete Scharping rauchte im Club eine Zigarette nach der anderen und strapazierte neben seiner eigenen auch die empfindlichen Sportlerlungen. Unsportliches Verhalten nennt man das.

Mallorca an einem Tag

Tobias, Jens und Ulli, drei Jungs aus Hamburg, haben es ausprobiert:
Morgens in Radklamotten mit Air Berlin um 6.20 Uhr nach Palma. Ankunft 8.55 Uhr. Rad auspacken, Koffer am Flughafen deponieren und losgetreten. Acht Stunden Zeit zum Radeln. Da kommt man von Palma aus überall hin. Mittagspause in einem netten Café eingeschlossen. Um 18 Uhr wieder am Flughafen. Rad verstauen, einchecken Kosten für den Flug inklusive Radtransport: 180 Euro.
Tobias: »Klar ist das ein bisschen dekadent, und auf dem Rückflug rümpfen die Mitreisenden auch etwas die Nase. Ich glaube, das nächste Mal nehmen wir doch Wechselklamotten und Handtuch mit.«

Jens Heppner

Aus alter Gewohnheit kommt der Ex-Telekom-Profi Jens Heppner (Jahrgang 1964) auch als Sportlicher Leiter des Team Wiesenhof-Akud immer im Januar mit seinen Rennfahrern nach Mallorca. Doch im Gegensatz zur Magenta-Truppe, die standesgemäß mit großem Gefolge im Club Robinson logiert, zieht es die Hähnchen-Truppe nach Alcúdia in eine bodenständigere Unterkunft. Ohne Mannschaftsbus, ohne sonstigen Fuhrpark. Heppner sitzt entspannt am

Jens Heppner

Pool: »Komfortabel ist das hier auch, vier Sterne. Und es ist nichts los, wir sind fast die einzigen Gäste. Besonders überzeugt mich an diesem Standort, dass wir direkt an den Bergen sind. Zum Cap Formentor, eine meiner liebsten Ecken hier, ist es nur ein Katzensprung.«

Jens Heppner fuhr zehn Jahre lang für das Team Telekom und gewann unter anderem eine Etappe der Tour de France.

Café-Stress

Ein Café im verschlafenen Montuíri, direkt am Sportplatz, Montagmorgen, 11 Uhr; zwei junge Kellnerinnen schauen spanisches Shopping-TV und ziehen gelangweilt an ihren Zigaretten. Dann rauscht der Stress heran. 20 Radsportler mit sechzig Wünschen: Café con leche, Espresso, Cola, Agua sin Gas (für die Trinkflasche), Schokoriegel, einer kauft sogar ein paar Scheiben Serranoschinken, um den Hauskatzen ein Festmahl zu bereiten. Die Kellnerinnen grinsen. Radfahrer sind verrückte Leute. 15 Minuten später ist der Spuk vorbei, und die Senoritas können weiter dösen. Irgendwann werden ein paar Bauarbeiter von gegenüber kommen, das günstige Mittagsmenü essen, Bier trinken und rauchen. Alltag im Frühling.

Rundfahrt mit Schaf

»Ich war 1990 das erste Mal als Amateur hier und später immer mit dem Team Phonak. Die Mallorca-Rundfahrt war für mich immer die beste Vorbereitung im Jahr. Ein tolles Rennen, aber ohne den Druck der großen Tagesrennen oder Rundfahrten. Aber mit Spannung. Einmal sind wir mit sechs Mann in vollem Tempo in der Nähe von Andratx einem Schaf begegnet. Für das Schaf blieb das Zusammentreffen folgenlos, aber wir sind alle gestürzt.«

Oskar »Ösi« Camenzind, Jahrgang 1971, Schweizer Radprofi, wurde1998 Straßenweltmeister. Zahlreiche große Rennen für das Team Phonak. Karriereende 2004.

Nett, solange sie auf der Weide bleiben

PM-213
Lluc 10
7

1 Hotel Delta – Sa Ràpita – S'Estanyol – Hotel Delta

71 km 200 Höhenmeter (Hm)
Flach mit kurzen welligen Passagen

Charakter
Gestartet wird beim Hotel Delta in Platja de Palma. Auf der sehr guten und vollständig asphaltierten Straße geht es zuerst leicht steigend und dann wellig bis zum Cap Blanc. Am Cap angekommen, rollt es jetzt nur so dahin. Eine typische mallorquinische lange Gerade mit leicht abfallendem Charakter lädt zum Plausch ein und ist ideal zum ersten Einrollen auf der Insel. Die Strecke führt nun in Richtung Glashütte, vorbei an der prähistorischen Dorfanlage Capocorp Vell und weiter zwischen den berühmten Steinmauern Mallorcas, den Tancas. An der Kreuzung des kleinen Örtchens Vernissa fährt man nun etwa 7 km Richtung Campos. An der Kreuzung Campos rechts abbiegen und der Straße Richtung Küste/Sa Ràpita und S'Estanyol folgen. Der Rückweg führt wieder zurück über Vernissa, Glashütte und Cap Blanc zum Hotel.

Herausforderungen
Nur der Wind auf der sehr anfälligen langen Geraden vom Cap Blanc bis zur Kreuzung Campos verlangt dem Einzelkämpfer einiges ab.

Trainingstipps
Die vorwiegend flache Strecke mit ausgezeichnetem Straßenbelag ist ideal zum Trainieren der Grundausdauer. Auf den windigen geraden Passagen kann das Windschattenfahren in allen Varianten hervorragend geübt werden. Aber auch Tempo-Einheiten sind hier gut möglich.

Strand von Cala San Vincente

Sehenswert

- **Capocorp Vell:** früheres Kulturerbe und prähistorische Dorfanlage
- **Tancas:** typisch mallorquinische Steinmauern entlang der Strecke
- **Es Trenc:** 1500 ha großes Naturschutzgebiet etwas abseits der Tour

Einkehr

- **Glashütte bei Capocorp:** beliebter Radlertreff

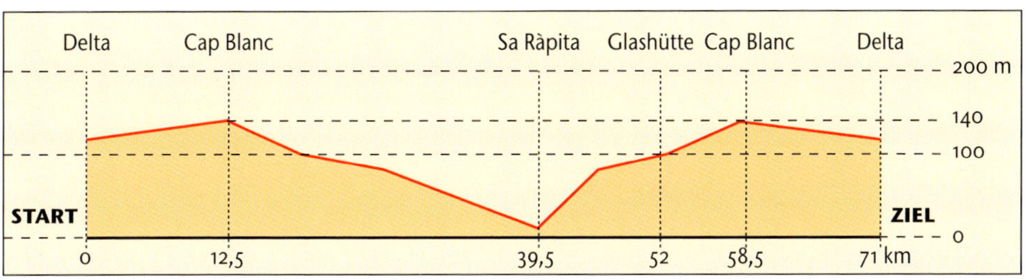

2 Hotel Delta – Sa Cabaneta – Bunyola – Orient – Lloseta – Algaida – Llucmajor – Hotel Delta

108 km 980 Hm
Anspruchsvolle Tour mit gemeinen Anstiegen

Charakter

Zunächst rollt man circa 23 km Richtung S'Arenal und weiter Richtung Sant Jordi, bevor die erste Herausforderung wartet: der Stich. Ein 2 km langes schnurgerades Stück, das auch noch bis oben einsehbar ist, mit gleichmäßigen 5 Prozent bergauf. Gute 2 km bleiben jetzt zur Erholung. Dann steigt die Straße zum typischen mallorquinischen Städtchen Bunyola mit seinen zahlreichen Straßencafés wieder leicht an (120 Hm verteilt auf 8 km). Anhalten lohnt sich! Und die Tapas variados sind ein Muss, außerdem ist eine kleine Stärkung sinnvoll, denn jetzt geht es erst richtig los. Von Bunyola schlängelt sich die Straße in Serpentinen hinauf zum Coll de Hono. Es folgt eine kurvige Abfahrt in das in ein Hochtal eingebettete Orient mit seinen alten Landhäusern und Apfelplantagen. Die nächsten 28 km rollen nur so dahin, es geht immer leicht abwärts über Lloseta und Binissalem, berühmt für Weinanbau und Liköre, nach Biniali. Nun muss noch mal gearbeitet werden. Die nächsten 17 km steigen leicht an, sind aber ohne Mühe zu bewältigen. In Algaida angekommen, rollt man über Llucmajor locker Richtung Heimat.

Herausforderungen

Der »Stich« ziemlich zu Beginn der Tour verlangt schon einiges, ist aber eine gute Vorbereitung auf den 11 km langen Coll de Hono kurz vor Orient. Dort hinauf müssen ungefähr 310 Hm überwunden werden. Da geht es ordentlich zur Sache.

Trainingstipps

An den Steigungen kann die Kraftausdauer prima trainiert werden. Jeder kann hier seine anaerobe Kapazität testen.

Das kleine Örtchen Orient liegt inmitten der Serra de Tramuntana.

Sehenswert

- **nahe Alaró:** Imposante 500 m hohe Kalkfelsen signalisieren die Anfahrt in die Berge
- **Binissalem:** Weinanbaugebiet
- **Algaida:** wunderschöne gotische Kirche »San Pablo y Petro« und viele alte Windmühlen in der Umgebung; 14.–26. Juli: Feier Sant Jaume (Teufelstänzer) mit Feuerwerk und viel Trubel

Einkehr

- **Coll de Hono:** Viele Straßencafés laden zum Pausieren ein, hier treffen sich die Radler
- **Orient:** Bar de Muntanya
- **Binissalem:** Bars an der Placa de la Iglesia, hier wird Wein aus umliegenden Weingütern angeboten, Weinverkostung im berühmten Weingut José Ferrer am Ortseingang
- **Algaida:** berühmt durch seine guten Restaurants; Ca'n Matheau, Hostel de Algaida

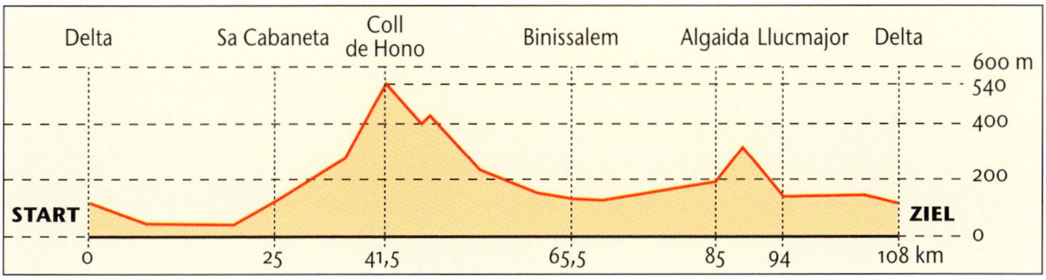

3 Hotel Delta – Llucmajor – Algaida – Santa Maria – Valldemossa – Banyalbufar – Andratx – Palma – Hotel Delta

153 km 1800 Hm
Anspruchsvolle Bergetappe mit vielen kleinen Anstiegen und fünf mittelschweren Bergen

Charakter
Los geht es Richtung Llucmajor über Sa Torre. Dort biegen wir links nach Algaida ab und radeln weiter über Santa Eugènia ins Dorf Santa Maria, das an einem alten Römerweg gelegen ist. Hier der Carrer Sa Matanca – Straße des Schlachtens! – folgen, sie führt direkt zum Placa hostals mit hübschen Straßencafés. Typische mallorquinische Windmühlen säumen Richtung Bunyola (PM 202) den Weg nach Esglaieta. Bisher ging es leicht wellig in einer wunderschönen Landschaft daher. Dann wird es ernst. Ins Bergdorf Valldemossa geht es ständig bergauf, die letzten 4 km sind besonders steil. Die kurzen Abfahrten reichen manchmal kaum zum Ausruhen. Erst circa 7 km bergan ins Ortszentrum des kleinen Bergdorfes –

Küste bei Banyalbufar

der Anstieg ist noch nicht geschafft. Erst das Restaurant Can Costa signalisiert den vorerst höchsten Punkt. Rasant geht's bergab, zwar auf breiten, aber schlecht einsehbaren Straßen. Kurz und knackig folgt der Coll de Claret. Verschnaufen ist kaum drin, denn bis zum Coll de Sa Bastida radelt man hügelig weiter. Belohnung für die bisherige Mühe ist eine 15 km lange Abfahrt auf breiter Straße.

Die Strecke bleibt anspruchsvoll. Auf den nächsten 50 km sind vier Berge zu bewältigen. Kurze schnelle Abfahrten lassen wenig Zeit zum Erholen. Banyalbufar, einer der schönsten Orte der Insel – ein terrassenförmiges Dorf, das wie ein in die Steilküste eingeklebtes Schwalbennest aussieht – wird passiert. Danach geht's bergauf zum Coll d'es Pi, circa 10 km. Die Schinderei lohnt sich, der Ausblick von hier auf Estellencs ist fantastisch. Kurze Abfahrt und schon wieder ein knackiger Anstieg (Coll de Sa Gremola). Die folgenden 27 km sehen ähnlich aus: ein ständi-

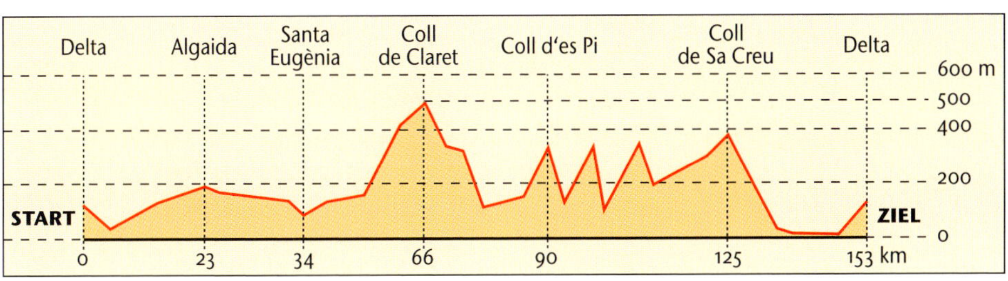

ges Auf und Ab, gutes Bergtraining. Der Coll de Sa Creu verlangt dem Radler heute zum letzten Mal einiges ab. Es folgen circa 30 km über S'Arenal und Palma auf guten Straßen und Radwegen zum Ausrollen.

Herausforderungen

Ab Kilometer 60 bis 20 km vor dem Ziel ist die Strecke eine einzige Herausforderung. Von Esglaieta bis Valldemossa geht es erst einige Kilometer sanft bergauf. Dann geht's zur Sache: 10 km harte Arbeit stehen bevor, um den höchsten Punkt der Tour, den Coll de Claret, zu erreichen. Die Erholung ist kurz. Zwischen Kilometer 80 und 130 rollt man nur wenig bergab. Coll d'es Pi (fast 10 km Steigung), Coll de Sa Gremola (kurz und knackig) und Coll de Sa Creu lassen so manchen verzweifeln.

Trainingstipps

Neben der Verbesserung der Grundlagenausdauer steht bei dieser Tour natürlich das Bergtraining im Vordergrund. Hier lässt sich prima die Kraftausdauer trainieren, außerdem bietet sich Intervalltraining an den Bergen an.

Sehenswert

- **Banyalbufar**
- **Valldemossa:** wunderschönes Bergdorf mit schmalen Häusern auf Steinterrassen mit blühenden Gärten, einem berühmten Kloster und einer Pfarrkirche; Chopin-Museum
- **Estellencs:** Frühmorgens und spätabends versinkt das Dorf in tiefe, meditative Stille. Flanieren durch die engen Gassen und vor den Bars sitzen lohnt sich
- **Mirador de Ricardo Roca und Mirador de Ses Animes zwischen Banyalbufar und Andratx:** fantastische Aussichtspunkte an der Küste
- **Finca s'Estaca bei Valldemossa:** 250 000 qm großes Grundstück von Hollywoodstar Michael Douglas

Einkehr

- **Esglaieta:** Bar Sa Taverna
- **Estellencs:** viele kleine Bars im Zentrum
- **Coll d'es Pi:** Das kleine Restaurant auf dem Coll serviert gutes Essen. Muss man mal probieren
- **Valldemossa:** Viele kleine Straßencafés laden zur Rast ein
- **Capdellà:** gutes und preiswertes Essen
- **Palma:** zahlreiche Restaurants und Bars am Hafen, San Joan de S'Aiguia – ältestes Café der Insel (18. Jhd.): Heiße Schokolade und Ensaimadas sind köstlich

Team T-Mobile unterwegs im Südosten

T··Mobile
GIANT
SHIMANO
uvex

4 Hotel Delta – Llucmajor – Randa – Porreres – Campos – Sa Ràpita – Hotel Delta

116 km 800 Hm
Eine deftige Steigung fordert alle Kraftreserven

Charakter
Die ersten 26 Kilometer der Strecke bis zur Kreuzung Vernissa kennen wir bereits. Hier biegen wir heute links ab Richtung Llucmajor. Das Profil ist ideal zum Einrollen, bevor es hinter Llucmajor langsam bergauf geht. Bis Randa steigt das Terrain nur leicht an, aber inmitten der kleinen Ortschaft beginnt der 6 km lange Anstieg auf den Puig. Die Straße schlängelt sich hier zwischen idyllischen Hügeln durch den Ort. Hinter der Ortsgrenze wird es mit 12 bis 13 Prozent Steigung richtig steil. Danach geht es in Serpentinen mit 6 bis 8 Prozent gemächlicher bergan, und man kann schon mal die grandiose Aussicht genießen. Oben angekommen, bietet sich dem Radler ein herrlicher Ausblick auf die Ebene und die Buchten von Palma. Das hübsche Kloster direkt auf dem Berg lädt zu einer kurzen Pause ein, bevor wir den gleichen Weg durch Obstplantagen und Artischockenfelder wieder hinab nehmen. Im Ort fahren wir nun weiter Richtung Montuíri.

Auf dem Weg zum Gipfel des Puig de Randa

Kilometerstein 6 weist uns den Weg nach Porreres.
Auf der breiten, gut ausgebauten Autopista rollt es prima, und man erreicht schnell und ohne Mühe Porreres und das Örtchen Campos. Von Campos führt die Strecke zur beeindruckenden Steilküste. Die kleinen Fischerdörfer Sa Ràpita und S'Estanyol sind ideal zum Rasten. Direkt am Wasser gibt es fabelhafte Restaurants mit internationaler und vor allem mallorquinischer Küche und viel frischem Fisch. Von S'Estanyol fahren wir landeinwärts bis zur Kreuzung Vernissa und von dort wie gewohnt zum Hotel.

Herausforderung

Die Kletterei auf den Puig de Randa ist mit 6 km nicht allzu lang, dafür aber gerade am Anfang extrem steil.

Trainingstipps

Der einzige Anstieg des Tages bietet beste Möglichkeiten zum Bergtraining. Ansonsten können auf der breiten Autopista Tempoeinheiten absolviert werden.

Sehenswert

- **Kloster Randa** mit fantastischem Aussichtspunkt
- **Steilküste bei Sa Ràpita**

Einkehren

- **Llucmajor:** diverse Cafés am Hauptplatz
- **Sa Ràpita:** Restaurante Voramar – internationale und mallorquinische Küche
- **Ca'n Pep:** frischer Fisch und guter Wein, mallorquinische Küche

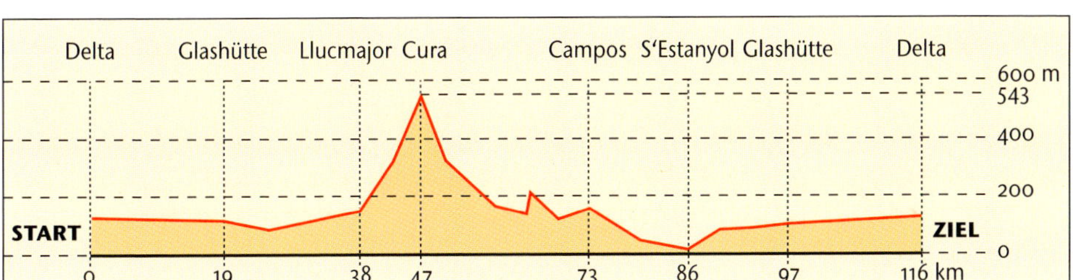

5 Hotel Delta – Algaida – Lloseta – Coll de Puig Major – Coll de Sóller – Bunyola – Casa Blanca – Hotel Delta

151 km 2000 Hm
Sehr anspruchsvolle Bergetappe mit einem mittelschweren und einem schweren Anstieg

Charakter
Treffpunkt ist wieder das Hotel Delta. Von dort geht es ohne nennenswerte Höhenunterschiede über Sa Torre nach Llucmajor. Der Ort wird auf der Umgehung umfahren, immer den Schildern Algaida und Randa folgen. Diesmal lassen wir den Puig de Randa rechts liegen und rollen über Algaida mit seinen kleinen engen Gassen bis nach Biniali und weiter nach Lloseta. Diese abgeschiedene Strecke ist besonders im Frühjahr wegen der Oliven-, Johannisbrot-, Feigen- und Mandelbaumhaine schön anzusehen. Von Lloseta führt uns die Fahrt über schlechten Straßenbelag Richtung Biniamar und Caimari. Auf zahlreichen Serpentinen gewinnt man langsam an Höhe. Fantastisch ist hier der Blick auf die zentrale Ebene Es Pla. Nun geht es die gut asphaltierte Bergstraße zum Coll de Sa Bataia hinauf, bis man die bei allen Radlern bekannte Tankstelle (Kloster Lluc) erreicht. Erholung ist kaum drin, denn nach nur wenigen Kilometern beginnt der Anstieg zum höchsten Punkt der Insel, dem Coll de Puig Major (1445 m). 18 km Quälerei liegen vor uns, fast ausschließlich bergauf, vorbei an den Trinkwasserreservoirs Cuber und Gorg Blau inmitten einer atemberaubenden Hochgebirgslandschaft und durch einen unbeleuchteten Tunnel. Oben unbedingt anhalten und die Aussicht genießen. Es folgen circa 15 km rasante Abfahrt auf einer breiten Straße mit weiten Kurvenradien, die mit hohem Tempo gefahren werden kann, bis ins Dorf Sóller. Hier geht es wieder gleichmäßig in engen Serpentinen bergauf zum Coll de Sóller, diesmal nicht ganz so lang (8 km) und mit etwa 9 Prozent. Der Asphalt ist rau und hat tiefe

Rillen, da rollt es nur schwer. Die Vegetation von Sóller bietet eine fantastische Landschaft mit Zitronen- und Orangenhainen und 100 Jahre alten Olivenbäumen. Anschließend schlängeln sich 19 Serpentinen auf 6 km ins Tal. Hier fahren wenig Autos, und es riecht noch nach frischem Thymian und Rosmarin statt nach Abgasen. Weiter geht es Richtung Bunyola und nach Sa Cabaneta, Casa Blanca und S'Arenal zum Hotel. Auf den letzten 35 km kann man prima ausrollen und die Muskeln lockern.

Herausforderungen

Ab Kilometer 55 bis 116 ist die Tour sehr anspruchsvoll und kräftezehrend. Der Coll de Puig mit seinen insgesamt 15 km relativ gleichmäßiger Steigung ist der höchste Berg der Insel. Hier sollte man nur gut vorbereitet und fit hochfahren. Der Coll de Sóller ist bei einer ungefähren Länge von 8 km nicht ganz so schwer, aber die Tatsache, dass er direkt auf den Puig Major folgt und der Straßenbelag recht schlecht ist, bereitet so manchem Kopfschmerzen.

Trainingstipps

Das Profil der Tour bietet optimale Voraussetzungen für ein Bergtraining. Hier kann man testen, was man im Bereich Kraftausdauer wirklich draufhat.

Sehenswert

- **Kloster Lluc Senorade:** einer der bedeutendsten Wallfahrtsorte Mallorcas
- **Embalse de Cuber und de Gorg Blau:** türkisblaue Stauseen

Einkehr

- **Binissalem:** Bars an der Placa de Iglesia
- **Kloster Lluc:** Die Tankstelle versorgt fast ausschließlich Radler
- **Abzweig nach Sa Calobra:** Bar Los Arcos: beliebter Radlertreff
- **Sóller:** Orangeneis aus eigener Produktion: ein Muss!

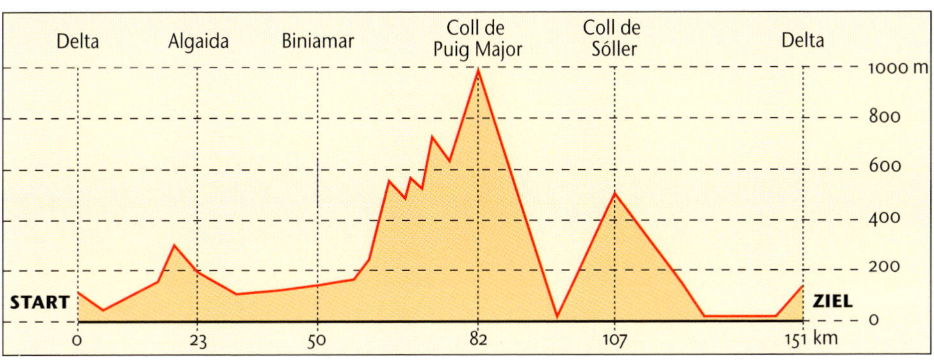

6 Hotel Delta – Glashütte – Ses Salines – Felanitx – Sant Salvador – Felanitx – Porreres – Llucmajor – Hotel Delta

120 km 840 Hm
Lange Flachetappe mit einer schweren Steigung

Charakter
Die Tour beginnt Richtung Cap Blanc auf bekanntem Weg, weiter bis zur Kreuzung Vernissa und geradeaus ins kleine Dorf Ses Salines. Hier erwarten uns lange Geraden, ideal zum Mannschaftsfahren. Macchia und Tancas, typisch mallorquinische Steinmauern, zieren den Straßenrand. Richtung Ses Salines werden die Straßen immer schmaler und steigen in den Ort leicht an. Weiter geht's circa 7 km nach Santanyí. Die kleinen engen Gassen des Städtchens laden zum Bummeln ein, wir haben aber noch mehr als die Hälfte und vor allem den schweren Anstieg vor uns.
In Santanyí folgen wir den Schildern Richtung Felanitx. Die folgende Passage ist leicht hügelig und kurvenreich. Auf dem Weg nach Felanitx passieren wir Ca's Concos. Schön anzusehen sind hier die vielen hübschen Fincas. Hinter Ca's Concos geht es leicht bergan. Nach einigen Kilometern biegen wir links nach Felanitx ab. Nach drei schnellen, aber sehr kurvenreichen Kilometern, auf denen man sich noch mal auflockern kann, bevor wir den Klosterberg Sant Salvador hinauffahren, erreicht man Felanitx an den Ausläufern der Serra de Llevant. Das Kloster Sant Salvador ist hier ausgeschildert.
Nun gilt es, etwa 400 Hm in wenigen Kilometern (ca. 8 km) zu überwinden. Die ersten 3 km sind gut zu bewältigen, doch dann beginnt das Klettern bei 6 – 10 Prozent auf den höchsten Punkt der Serra de Llevant. Gerade im Frühjahr muss man hier mit vielen Mitstreitern rechnen. Oben angekommen, unbedingt die Aussicht genießen. Wir nehmen den gleichen Weg zurück nach Felanitx – Vorsicht: kurvige Abfahrt – und weiter zwischen zahlreichen Steinmauern nach Porreres. Von Porreres nach Llucmajor wird die Strecke wieder attraktiver. Der rasche Wechsel zwischen Abfahrt und Steigung – zum Teil anspruchsvoll – bringt viel Fahrspaß. Die letzten Kilometer von Llucmajor über Sa Torre zum Hotel eignen sich hervorragend zum Ausrollen.

Alternative
Castell de Santueri: zwischen Ca's Concos und Felanitx, bevor es zum Klosterberg geht, rechts ab.
Diese extreme Herausforderung ist nur was für Austrainierte und Bergflöhe. Kurze Passagen (etwa 1,5 km lang) mit 16, 17 Prozent Steigung, die ohne Rettungsring (25 Zähne) kaum zu bewältigen sind. Auf den ersten 3,5 km steigt die Straße

in bezaubernder Landschaft sanft an. Der Straßenbelag ist eher schlecht: Vorsicht bei der Abfahrt! Oben erwartet uns ein toller Ausblick auf die Küste und bei gutem Wetter sogar auf die Nachbarinseln.

Herausforderung

Die 5 km hinauf zum Klosterberg Sant Salvador verlangen dem Radler einiges ab, denn 330 Hm müssen überwunden werden. Ideales Kraftausdauer- bzw. Bergtraining.

Trainingstipps

Länge und Profil der Strecke bieten ideale Möglichkeiten zum Grundlagentraining. Am kurzen steilen Anstieg zum Kloster ist die Kraftausdauer gefragt. Da der Berg nicht allzu lang ist, kann hier mehrmals hochgefahren werden, wenn man seine anaerobe Kapazität trainieren will.

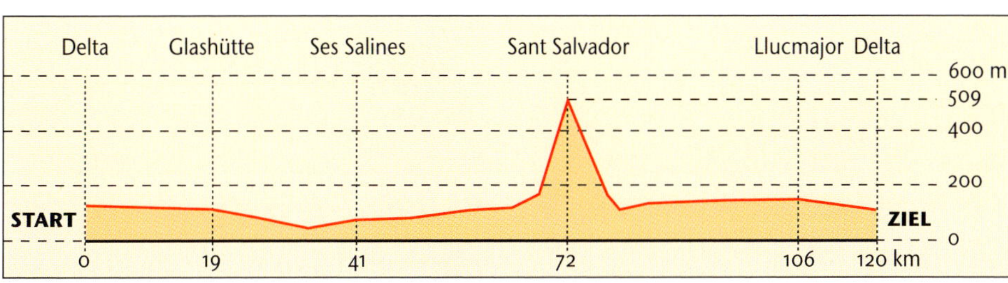

Sehenswert

- **Botanischer Garten** (Botanicactus) zwischen Ses Salines und Colònia de Sant Jordi
- **Santanyí:** sehr schöne Altstadt aus rötlichem Sandstein
- **Felanitx:** hübsches Städtchen und Wohnort vieler Intellektueller; bekannt für ausgezeichneten Weißwein und für seine Keramik- und Glasmanufaktur

Einkehr

- **Santanyí:** viele Straßencafés auf dem Platz vor der Pfarrkirche Sant Andres Apostol (Tipp: »Sa Placa«)
- **Llucmajor:** Bars am Hauptplatz

Alternative

Auffahrt zum Castell de Santueri: Etwa 3 Kilometer nach dem Örtchen Ca's Concos kommen wir zu der Abzweigung zum Castell de Santueri. Am Anfang geht es sanft bergan auf eher schlechtem Straßenbelag (die ersten 3,5 km). Vorsicht bei der Abfahrt. Die Straße wird besser und die Steigung heftiger. In Serpentinen schlängelt sich die Straße steil nach oben, stellenweise bis zu 16, 17 Prozent. Die steilsten Passagen sind aber nur etwa 1,5 km lang.

Bucht an der Ostküste

7 Hotel Delta – Llucmajor – Algaida – Santa Maria – Esporles – Puigpunyent – Capdellà – Palma – Hotel Delta

124 km 1300 Hm
Zwei schwere und ein mittelschwerer Anstieg mit anstrengenden sechs Kilometern zum Schluss der Tour

Charakter

Los geht es über Sa Torre Richtung Llucmajor. Dort biegen wir links nach Algaida ab und radeln weiter über Santa Eugènia ins Dorf Santa Maria, das an einem alten Römerweg gelegen ist. Hier der Carrer Sa Matanca – Straße des Schlachtens! – folgen, sie führt direkt zum Placa hostals mit hübschen Straßencafés. Typische mallorquinische Windmühlen säumen Richtung Bunyola (PM 202) den Weg nach Esglaieta.
Auf den ersten 20 km geht es fast stetig leicht bergan bis nach Algaida. Die nächsten 40 km eignen sich hervorragend zum Warmfahren, bevor kurz vor dem Dorf Esporles die Berge warten. Auf dem Weg in die Berge passieren wir die am alten Römerweg gelegene Ortschaft Santa Maria. Vorbei an Windmühlen und dem Castillo Comte Mal geht's nach Esglaieta, dessen Ortskern eine wunderschöne kleine Kirche ziert. Die Tour geht weiter nach Esporles, eingebettet in ein langes Tal mit prächtigen Anwesen und schönen Parks. Der erhöhte Dorfplatz, Placa Espanya, lädt zu einer Rast ein.
Von hier fahren wir auf breiter Straße vorbei am mallorquinischen Landgut La Granja. Hinter dem Gut geht's durch typische Kiefernwälder bergauf. Ein Felsentor signalisiert den höchsten Punkt der Steigung, bevor wir viele Serpentinen hinabsausen in den Ort Puigpunyent, wo schon der Gegenhang wartet. Auf nur zwei Kilometern überwindet man 250 Höhenmeter und erreicht Galilea. Anhalten lohnt sich. Kleine Bars laden zum Imbiss ein.
Es folgt eine rasante, 7 km lange Abfahrt (8 %) auf enger kurvenreicher Straße (Vorsicht!) nach Capdellà. Nach Calvià führt der Weg durch eine fruchtbare Ebene mit Mandel- und Olivenbäumen. Hinter dem Ort sind viele Felder zu sehen, unterteilt durch Tancas. Wir kommen an einem ausgetrockneten Fluss vorbei und radeln in eine Schlucht, die fast vollständig von Bäumen überdacht ist. Kurz danach beginnt die 4 km lange Steigung durch einen Schatten spendenden Kiefernwald zum Coll d'es Vent, erst gleichmäßig mit 5 bis 6 Prozent. Am Bergrücken angekommen, folgt man den Schildern nach Palma. Hier wird es steiler. Auf den letzten 3 Kilometern zum Coll erwarten uns stellenweise sogar 8 bis 9 Prozent Steigung. Auf der Abfahrt nach Palma ist auf Grund der vielen engen Kurven Vorsicht geboten. Von dort fahren wir wieder über S'Arenal zum Hotel.

Herausforderungen

Die drei mittelschweren und schweren Berge der Tour verlangen auch dem Austrainierten einiges ab. Die zum Teil sehr engen und kurvenreichen Abfahrten

erfordern sehr viel Konzentration und lassen keine Zeit zum Ausruhen. Die Auffahrt zum Coll d'es Vent mit 8 bis 9 Prozent auf den letzten 3 km hat schon manchem seine Grenzen aufgezeigt. Der fantastische Panoramablick auf dem Coll entschädigt für die Strapazen.

Trainingstipps

Das Profil der Strecke eignet sich hervorragend zur Verbesserung der Kraftausdauer. Hier kann man bestens an seinen Bergfahrqualitäten feilen.

Sehenswert

- **Calvià:** Kirche Sant Joan Bautista aus dem 19. Jahrhundert
- **La Granja:** mallorquinisches Landgut aus dem 13. Jahrhundert

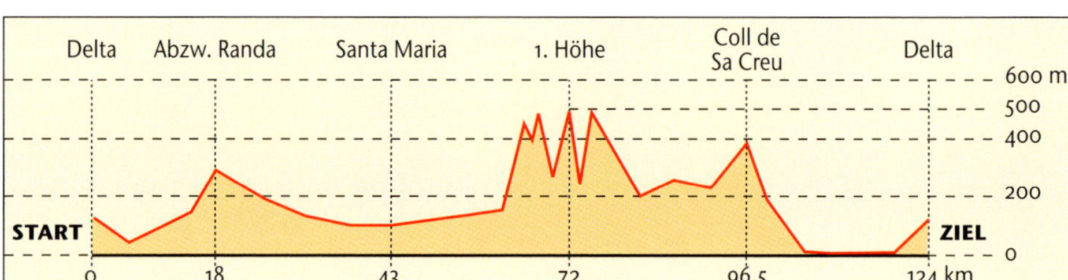

Einkehr

- **Esglaieta:** Bar Sa Taverna
- **Esporles:** Cafés am Placa Espanya
- **Galilea:** zwei gute Bars, eine am Dorfeingang, die andere am Platz vor der Barockkirche Bar Barroquial
- **Capdellà:** Bar Nou, eine zweite Bar befindet sich am Ortsausgang Richtung Peguera

Abgelegene Straßen, guter Asphalt, wenig Verkehr

8 Hotel Royal Mediterraneo – Son Carrió – Manacor – Portocristo – Hotel Royal Mediterraneo

41,5 km   276 Hm
Flache und kurze Etappe für Ruhetage

Charakter
Das erste Stück vom Hotel bis nach S'Illot und weiter Richtung Son Carrió müssen wir auf der viel befahrenen Küstenstraße radeln. Anfangs geht es leicht bergan. In den Ort Son Carrió rollt man dann fast von allein. Von dort fahren wir bis Manacor immer wieder leicht auf und ab. Mit etwas Schwung macht dieser Abschnitt der Tour richtig Spaß, zumal die Straße je nach Tageszeit und Wochentag wenig bis mäßig befahren ist.
Von Manacor in Richtung Son Fortezza Vell radeln wir auf ausgezeichnetem neuem Straßenbelag durch ein hübsches ruhiges Tal mit leicht hügeligen Passagen. Nach etwa 27 km geht's über Portocristo auf langen Geraden wieder gen Heimat. In Portocristo ist der alte Hafen schön anzusehen und eignet sich hervorragend für eine Kaffeepause. Am Ortsausgang wird es dann kurz mal steil. Danach rollen wir Richtung S'Illot auf flachem Terrain durchs Hinterland, zurück zum Ausgangspunkt.

Wohlverdiente Rast am Hafen von Portocristo

Herausforderung

Wer an einem Ruhetag die Beine nicht still halten will, kann bei dieser flachen kurzen Tour die Muskeln lockern.

Trainingstipp

Ideales Kompensationsprogramm.

Sehenswert

- **S'Illot:** Punta de n'Amer – Grün- und Parkgelände mit Wanderwegen zum Castell de Sa Coma; Talaiot – historische Ausgrabungen
- **Son Carrió:** Arte Ceramica – Keramikkunsthandwerk, freier Eintritt
- **Manacor:** Torre dels Enagistes – archäologische Funde aus Grabungen; Sa Bassa – Kirche, auf dem Fundament einer Moschee im 14. Jahrhundert erbaut
- **Portocristo:** alte Hafenanlage und Tropfsteinhöhlen Coves del Drac (circa 1,5 km von Portocristo entfernt) und Coves dels Hams (ungefähr 2 km außerhalb des Ortes); Acuàrium de Mallorca – 115 Aquarien mit vielen Arten von Piranhas (in der Nähe des Ortes)

Einkehr

- **Portocristo:** viele kleine Restaurants am Hafen (teuer)

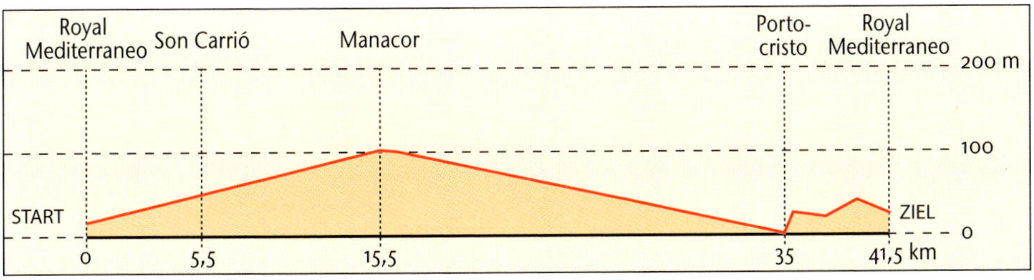

9 Port d'Andratx – Estellencs – Banyalbufar – Valldemossa – Deià – Pollença – Platja de Muro

136 km 2300 Hm
Königsetappe mit einem mittelschweren, einem schweren und einem sehr schweren Anstieg

Charakter
Der »Küstenklassiker« beginnt in Port d'Andratx, dem charmanten Fischerdorf mit seinem romantischen Hafen, eingebettet in eine wunderschöne Hügellandschaft, und führt uns zuerst in das wohlhabende Dorf Andratx, dessen enge Gassen zum Bummeln einladen. Von Andratx nehmen wir die faszinierende Bergstraße, die sich durch die gesamte Serra de Tramuntana bis nach Pollença zieht. Anfangs geht es oberhalb des Dörfchens steil hinauf. Der Schluss des Anstiegs zum Coll de Sa Gremola schlängelt sich dann sanfter bis auf die Passhöhe. Ab Ostern fahren hier sehr viele Autos, das macht die Anfahrt zum Coll zum Teil unerträglich. Es folgt eine sehr steile Abfahrt, nach der schon der nächste Berg, Coll d'es Pi, wartet. Der atemberaubende Blick auf die Küste lässt den Schmerz für einen Moment vergessen. Weiter geht's in einem ständigen Auf und Ab über Estellencs Richtung Banyalbufar, wohl einer der schönsten Orte der Insel, direkt an der Steilküste.
Ab hier geht es richtig zur Sache. Die nächsten 10 km führen fast ausschließlich bergauf, bis man den Gipfel des Coll de Claret erreicht (insgesamt müssen 400 Hm überwunden werden). Wir passieren das kleine Bergdorf Valldemossa und rollen die wellige Küstenstraße über Deià nach Sóller entlang. Kurz vor Deià wird der Straßenbelag sehr schlecht. Vorsicht bei der Abfahrt! Hinter Sóller beginnt die Anfahrt zum König der Berge auf Mallorca, dem Puig de Major. Hier folgen wir den Hinweisschildern Sa Calobra und Lluc. 15 km geht es nun bei gleichmäßigen 10 bis 12 Prozent (!) hinauf. Hat man eine unfertige Hotelanlage im Blick, sind die letzten Kilometer angebrochen. Hier müssen wir durch einen unbeleuchteten Tunnel. Ist der passiert, ist es geschafft. Wir befinden uns am höchsten Punkt der Insel (1450 m). Die rasante Abfahrt (knapp 10 km, ca. 400 Hm) führt durch die grandiose Landschaft der Tramuntana, vorbei an den Stauseen Cuber und Gorg Blau und dem Abzweig zum »Krawattenknoten« (Sa Calobra). Hier treffen sich in der Bar Los Arcos die Radfahrer. Anschließend geht es auf und ab zum Coll de Sa Bataia bis zum Abzweig nach Lluc und Pollença. Die dortige Tankstelle versorgt fast ausschließlich Radler. Es wartet schon der nächste Stich: 4 km, kurz und knackig. Richtung Pollença rollen wir dann vorbei am zweithöchsten Berg der Insel, Puig de Tomir, durch das Valle de Son March, rechts und links Zitronen- und Orangenplantagen.
Weiter geht's auf der eher langweiligen Autopista nach Port de Pollença. Der letzte Abschnitt der Tour ist noch mal was fürs Auge. Zum Club Muro rollen wir direkt an der Küste entlang.

Herausforderung

Mit den insgesamt 2300 zu überwindenden Höhenmetern ist diese Tour neben der 11. Etappe die anspruchsvollste Ausfahrt und Königsetappe auf Mallorca. Der höchste Berg der Insel, der Puig Major, mit 15 km Steigung bei gleichmäßigen 10 bis 12 Prozent ist nichts für wenig austrainierte Radfahrer, zumal das Streckenprofil mit dem Anstieg zum Coll de Sa Gremola, Coll d'es Pi, Coll de Sa Bataia und Coll de Claret bis zum Fuße des Puig schon einiges abverlangt.

Trainingstipps

Die Strecke eignet sich für hartes Bergtraining. Besonders geschult wird hier die Kraftausdauer. Alle, die bergab viel Zeit verlieren, können auf den zum Teil sehr langen und vor allem kurvenreichen Abfahrten das Bergabfahren bestens trainieren.

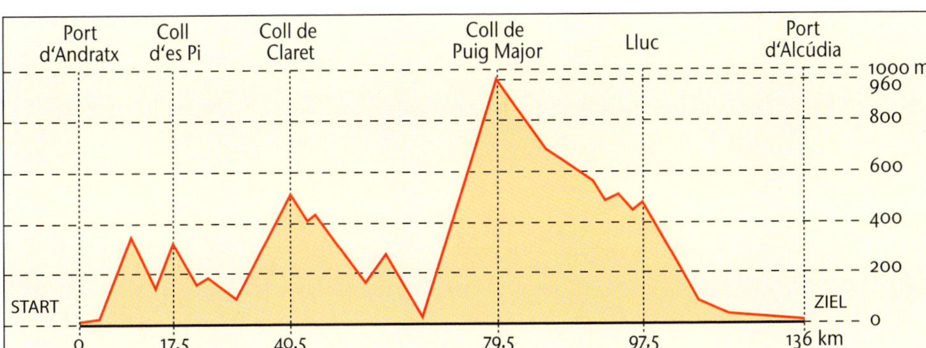

Sehenswert

- **Port d'Andratx:** charmantes Fischerdorf, eingebettet in eine grandiose Hügellandschaft
- **Mirador de Ses Animes und Ricardo Roca:** Aussichtspunkte zwischen Andratx und Banyalbufar
- **Valldemossa:** hübsches Bergdorf mit schmalen Häusern auf Steinterrassen mit blühenden Gärten, einer kleinen Pfarrkirche und einem berühmten Kloster
- **Kloster Senorade Lluc:** einer der bedeutendsten Wallfahrtsorte Mallorcas
- **Estellencs:** Frühmorgens und spätabends versinkt das Dorf in tiefe, meditative Stille. Flanieren durch die engen Gassen und vor den Bars sitzen, lohnt sich

Einkehr

- **Port d'Andratx:** In den Restaurants am Hafen gibt es hervorragenden frischen Fisch
- **Estellencs:** viele kleine Bars im Zentrum
- **Coll d'es Pi:** Das kleine Restaurant auf dem Coll serviert gutes Essen. Muss man mal probieren
- **Valldemossa:** Viele kleine Straßencafés laden zur Rast ein
- **Abzweig Kloster Lluc:** Tankstelle, versorgt fast ausschließlich Radler
- **Pollença:** Café Espagnol

Strand von Port de Pollença

10 Platja de Muro – Sineu – Santa Maria – Bunyola – Calobra-Pass – Pollença – Platja de Muro

145 km 1700 Hm
Ein mittelschwerer Anstieg und eine extrem schwere Bergstrecke

Charakter
Wir starten am Hotel und fahren auf einer landschaftlich schönen und leicht kupierten Strecke Richtung Muro und weiter ins altertümliche Landstädtchen Sineu. Wellig geht es weiter über Santa Eugènia nach Santa Maria, das direkt an einem alten Römerweg liegt. Hier der Carrer Sa Matanca – Straße des Schlachtens! – folgen, sie führt direkt zum Placa hostals mit hübschen Straßencafés. Richtung Bunyola säumen mallorquinische Windmühlen den Weg (PM 202).
An der Kreuzung nach Esglaieta folgen wir der Hauptstraße nach Bunyola. Ins Dorf hinein muss ein kleiner Anstieg bewältigt werden, bevor wir uns durch die engen Gassen schlängeln und dann der Hauptstraße nach Sóller folgen. Wir nehmen nicht den Tunnel zum Coll de Sóller, sondern die hübsche Bergstraße, die in 19 Serpentinen auf 6 km auf den Coll führt. Mit gleichmäßigen 5 bis 7 Prozent Steigung (außer auf ersten 100 Metern) ist dies ein richtiger Rollerberg.
Die Abfahrt ist steiler (9 %) und auf Grund des rauen Asphalts und tiefer Rillen auch gefährlich. Sóller wird rechts liegen gelassen. Den Schildern Port de Sóller folgen. Von hier geht es per Schiff (ca. 1 Stunde) nach Sa Calobra. Natürlich kann man auch auf dem Landweg zum »Krawattenknoten« (Nus de Sa Corbata) gelangen. Da muss aber zusätzlich der Puig de Major (15 km) überwunden werden, bevor die größte Herausforderung auf Mallorca folgt: La Calobra – die Schlange.
Der Anstieg zum Calobra-Pass beginnt moderat. An der steilsten Stelle sind etwa 12 Prozent Steigung zu bewältigen. Mit ansonsten durchschnittlich 10 Prozent erreichen wir über zahlreiche Serpentinen die Passhöhe, wobei die letzten 3 km mit 8 bis 9 Prozent etwas flacher werden. Es folgt eine 2 km lange rasante Abfahrt (12 bis 14 Prozent) zur Imbissbude Bar Los Arcos. Hier sollte gerastet werden.
Anschließend geht es auf und ab zum Coll de Sa Bataia bis zum Abzweig nach Lluc und Pollença. Die dortige Tankstelle versorgt fast ausschließlich Radler. Es wartet schon der nächste Stich: 4 km, kurz und knackig. Richtung Pollença rollen wir dann vorbei am zweithöchsten Berg der Insel, dem Puig de Tomir, durch das Valle de Son March, rechts und links Zitronen- und Orangenplantagen.
Weiter geht's auf der eher langweiligen Autopista nach Port de Pollença. Der letzte Abschnitt der Tour ist noch mal was fürs Auge. Zum Club Muro rollen wir direkt an der Küste entlang.

Alternative
Anstatt mit dem Schiff kann man natürlich auch auf dem Landweg zum »Krawattenknoten« fahren. Allerdings muss dann zusätzlich der Puig de Major überwunden werden. Das sollte sich nur zutrauen, wer 100-prozentig fit ist.

Herausforderung

Sa Calobra ist eine in Europa einmalige Straße und unumstritten der anspruchsvollste Anstieg ganz Mallorcas. 12 km geht es mit durchschnittlich 10 Prozent und an den steilsten Stellen mit 12 Prozent bergauf. Das ist auch für Profis kein Zuckerlecken. Nur gut trainiert in Angriff nehmen!

Trainingstipp

Der lange Anstieg ist ideal für Kraftausdauertraining.

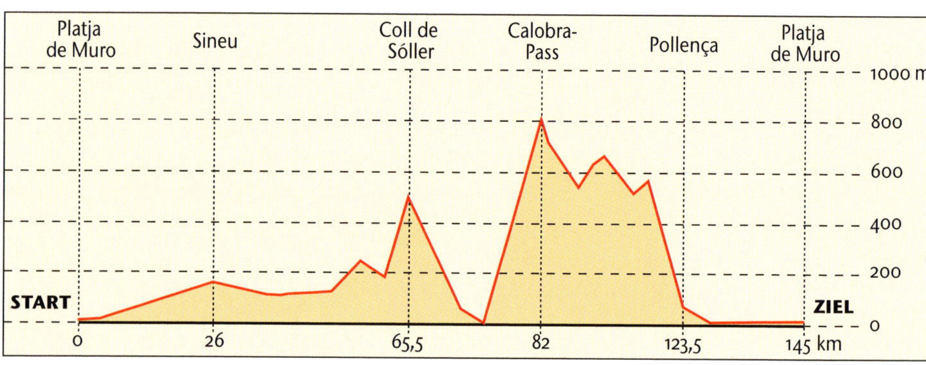

Sehenswert

- **Muro:** Kirche San Juan Batista; Museo de Mallorca (mallorquinische Handwerkskunst)
- **Sineu:** Kirche Nostra Seniora de los Angeles (13. Jahrhundert); Denkmal für den mallorquinischen Radfahrer Francesc Alomar am Placa Mercado; Markt (mittwochs; Placa Cathalina Thomas) – Waren aller Art und Gemüsemarkt (Ca Placa)

Einkehr

- **Muro:** viele kleine Straßencafés
- **Sineu:** Placa de Espanja (kurz: Sa Placa) – beliebter Radlertreff
- **Bunyola:** Café Central und weitere Straßencafés (Tapas variados probieren)
- **Cala de Sa Calobra:** viele schöne Lokale am Hafen
- **Bar Los Arcos**
- **Pollença:** Café Espanjol

Vorbei geht es an der Mühle von Sineu.

11 Platja de Muro – Alcúdia – Port de Pollença – Cap de Formentor – Platja de Muro

74 km 900 Hm
Atemberaubende Tour mit 2 mittelschweren Anstiegen

Charakter
Vom »Platja de Muro« rollen wir parallel zur Küste nach Alcúdia und weiter nach Port de Pollença. Dort folgen wir den Schildern Richtung Formentor und fahren an den Kasernen der spanischen Armee vorbei. Nach etwa 16 km beginnt der 5 km lange Anstieg in zwei Serpentinen zum Cap de Formentor. Am Sattel befindet sich der Aussichtspunkt Mal Pas, eine Touristenattraktion. Man sollte möglichst früh zum Cap fahren, ansonsten wimmelt es nur so von Touristen, Bussen und Autos. Danach wird es ruhig, und die ganze Schönheit der Halbinsel offenbart sich. Wir rollen kurz bergab durch Kiefernwälder und später an fantastischen Berghängen entlang und durch einen Tunnel. Es folgen viele Kurven, und dann kann man schon den Far des Cap de Formentor sehen. Es geht noch mal kurz bergab und hinauf zum Leuchtturm. Unbedingt anhalten und den Ausblick genießen. Zurück fahren wir dann auf gleichem Wege zum Hotel.

Herausforderung
Die beiden mittelschweren Anstiege (etwa 5 und 3 km) sind gut zu bewältigen.

Trainingstipps
Grundausdauer und Bergfahren können auf dieser Ausfahrt trainiert werden.

Sehenswert
- **Alcúdia:** viereckig konzipierte Stadt mit zwei mächtigen Toren, zwischen denen sich hübsche gepflasterte Gässchen der Altstadt mit dem zentralen Placa Constitio befinden
- **Formentor:** Die Halbinsel ist einer der schönsten und vor allem ursprünglichsten Landstriche Mallorcas

Einkehr
- **Alcúdia:** Bars am Placa Constitio und eine hübsche Bar am Leuchtturm

Ausblick nach Port Alcúdia

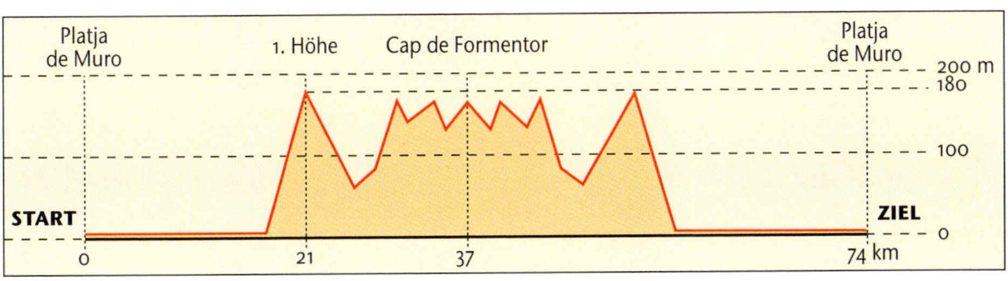

12 Platja de Muro – Petra – Algaida – Randa – Cura – Montuíri – Sineu – Platja de Muro

111 km 900 Hm
Ein mittelschwerer Anstieg

Charakter
Die ersten 17 km rollen wir nahezu eben Richtung Artà, bis wir zu einer Tankstelle kommen, an der sich die Straße gabelt. Wir biegen rechts ab nach Petra (C-712). Am Straßenrand entdecken wir bald ein luxuriöses Landgut mit einer großzügigen Begrenzungsmauer. Nach einer kurzen Abfahrt beginnt hier eine lange, aber gleichmäßig ansteigende Gerade. Kommt der Wind von vorne, ist dieser Abschnitt eine echte Herausforderung und erinnert an den Ironman auf Hawaii. In Petra angekommen, orientieren wir uns an den Schildern nach Sant Joan (PM 322).
Auf den nächsten etwa 7 km geht es stetig leicht bergan, bis wir Sant Joan erreichen. Von hier sind es nur noch 4 km nach Algaida, auf denen wir weiter an Höhe gewinnen. Rasten lohnt sich, denn der Ort ist bekannt für seine guten Restaurants. Wir verlassen Algaida in Richtung Randa. Nach etwa 3 km beginnt der insgesamt 7 km lange Anstieg zum Cura. Inmitten von Randa weisen die Hinweisschilder den Weg auf den Puig de Randa. Die Straße windet sich in Kurven durch den Ort, vorbei am Restaurant Es Reco.
An der Ortsgrenze geht es gleich ordentlich zur Sache. Kurz steigt die Straße um 12 bis 13 Prozent. Danach wird es mit durchschnittlich 7 Prozent erträglicher. Radarstationen, Radiosender und das Kloster signalisieren das Ende des Anstiegs. Die Mühen haben sich gelohnt. Zum einen hat man auf dem Plateau einen grandiosen Blick auf die gesamte Insel, und zum anderen folgt eine etwa 10 km lange Abfahrt durch Obstplantagen und Artischockenfelder hinunter zur Hauptstraße nach Montuíri. In leicht fallendem Terrain rollen wir durch Montuíri weiter nach Lloret. Von hier windet sich die Straße durch Felder und Weiden, bis wir Sineu erreichen. Die letzen 26 km führen uns direkt zur Küste und zum »Platja de Muro«.

Herausforderung
Der Anstieg zum Puig de Randa ist mit 7 km und 12 bis 13 bzw. 7 Prozent Steigung als mittelschwer einzustufen. Mit Kraft und Stehvermögen ist er aber gut zu bewältigen.

Trainingstipps
Auf Grund der Länge der Tour kann man hier die Grundlagenausdauer verbessern. Der Anstieg zum Cura ist ideal für Krafttraining und Bergfahren.

Pollença, Treppe zum Kalvarienberg

Sehenswert

- **Petra:** Auf dem Marktplatz treffen sich alle im Nordosten befindlichen Radfahrer, und so ist hier eine gigantische Materialschlacht zu beobachten
- **Algaida:** wunderschöne gotische Kirche »San Pablo y Petro« und viele alte Windmühlen in der Umgebung; 14. bis 26. Juli: Feier Sant Jaume (Teufelstänzer) mit Feuerwerk und viel Trubel
- **Muro:** Kirche San Juan Batista; Museo de Mallorca (mallorquinische Handwerkskunst)

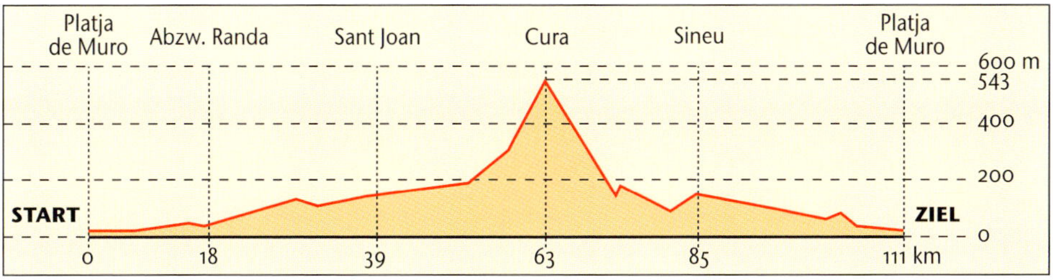

Einkehr

- **Petra:** auf dem Marktplatz, viele kleine Cafés und Bars
- **Algaida:** berühmt durch seine guten Restaurants; Ca'n Matheau, Hostel de Algaida
- **Randa:** Reco de Randa
- **Montuíri:** S'Hostals – uriges Lokal am Fuße des Stadthügels
- **Sineu:** Placa de Espanja (kurz: Sa Placa) – beliebter Radlertreff
- **Muro:** viele kleine Straßencafés

Man muss bei der Einkehr nicht freundlich gucken.

13 Platja de Muro – Petra – Felanitx – Sant Salvador – Felanitx – Manacor – Platja de Muro

116 km 900 Hm
Flach bis hügelig mit einem mittelschweren Anstieg

Charakter
Anfangs geht es nahezu eben Richtung Artà, bis wir zu einer Tankstelle kommen, an der sich die Straße gabelt. Wir biegen rechts ab nach Petra (C-712). Am Straßenrand entdecken wir bald ein luxuriöses Landgut mit einer großzügigen Begrenzungsmauer. Nach einer kurzen Abfahrt beginnt eine lange, aber gleichmäßig ansteigende Gerade. Kommt der Wind von vorne, ist dieser Abschnitt eine echte Herausforderung und erinnert an den Ironman auf Hawaii. Den Hinweisschildern nach Felanitx folgend, passieren wir Felder – je nach Jahreszeit sprießen hier die Getreideähren und rote Mohnblumen – und das feudale Landgut Son Sant Andreu.
Haben wir das auf vier Hügeln gelegene Felanitx an den Ausläufern der Serra de Llevant erreicht, fahren wir weiter nach Sant Salvador. Zum Kloster müssen etwa 4 km mit 6 bis 10 Prozent Steigung überwunden werden, bevor wir auf dem höchsten Punkt der Serra de Llevant die schöne Aussicht genießen können. Anschließend folgt eine anspruchsvolle Abfahrt mit vielen Kurven.
Wir fahren auf der 714 weiter Richtung Manacor. Im Ort angekommen, orientieren wir uns an den Schildern nach Cala Rajada. Hinter dem Krankenhaus nehmen wir die Straße nach Colònia de St. Pere. Die Landschaft wird abgeschiedener und ruhiger, insbesondere im Sommer kann man hier frei laufende Schildkröten beobachten. Die Straße steigt nun leicht an. Nach wenigen Kilometern erreichen wir wieder die bekannte Tankstelle und rollen gen Heimat.

Platja de Muro

Herausforderungen

Der 4 km lange Anstieg auf den Klosterberg Sant Salvador ist mit 6 bis 10 Prozent Steigung ganz schön bissig. Bei guter körperlicher Verfassung stellt der Berg aber keine große Schwierigkeit dar.

Trainingstipps

Das flache bis wellige Profil der Strecke bietet ideale Bedingungen für Grundlagentraining. Am Anstieg zum Kloster Sant Salvador kann man seine Kraftausdauer schulen.

Sehenswert

- **Petra:** Auf dem Marktplatz treffen sich alle im Nordosten befindlichen Radfahrer, und so ist eine gigantische Materialschlacht zu beobachten.
- **Felanitx:** Das hübsche Städtchen an den Ausläufern der Serra de Llevant ist Wohnort berühmter Intellektueller. Die Region ist außerdem bekannt für ausgezeichnete Weißweine und für seine Keramik- und Glasmanufaktur. Die Radsportlegende Guillem Timoner besitzt hier einen kleinen Radladen, den man unbedingt besuchen sollte.

Einkehr

- **Petra:** Auf dem Marktplatz sind viele kleine Cafés und Bars
- **Felanitx:** schöne Bar am Ortsausgang direkt an der Straße
- **Sant Salvador:** Café im Kloster

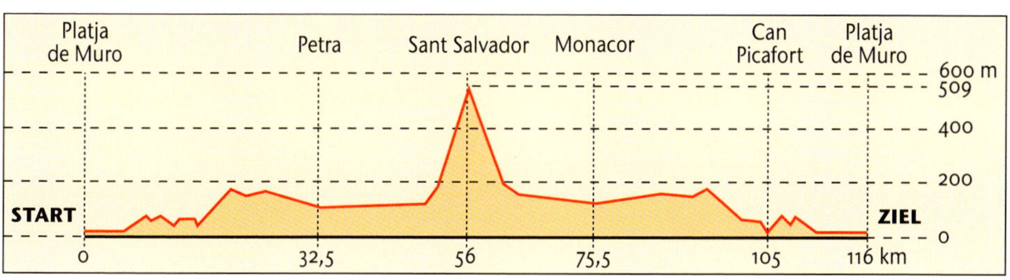

14 Platja de Muro – Sineu – Lloseta – Caimari – Alcúdia – Platja de Muro

108 km 980 Hm
Ein mittelschwerer Anstieg

Charakter

Wir starten am Hotel und fahren auf einer landschaftlich schönen und leicht kupierten Strecke Richtung Muro und weiter ins altertümliche Landstädtchen Sineu. Nach wenigen Kilometern biegen wir rechts ab und rollen locker und leicht in das verschlafene Örtchen Sencelles. Wechselnd auf und ab geht es weiter durch Weinanbaugebiete und das durch fabelhafte Liköre und Weine bekannte Binissalem bis nach Lloseta. Diese abgeschiedene Strecke ist im Frühjahr wegen der blühenden Oliven-, Johannisbrot-, Feigen- und Mandelbaumhaine wunderschön.
Von Lloseta führt uns die Fahrt über schlechten Straßenbelag Richtung Biniamar und Caimari. Auf zahlreichen Serpentinen gewinnt man langsam an Höhe. Fantastisch ist hier der Blick auf die zentrale Ebene Es Pla. Nun geht es die gut asphaltierte Bergstraße zum Coll de Sa Bataia hinauf, bis man die bei allen Radlern bekannte Tankstelle (Kloster Lluc) erreicht. Nur weinig später wartet schon der nächste Stich: 4 km, kurz und knackig. Richtung Pollença rollen wir dann vorbei am zweithöchsten Berg der Insel, dem Puig de Tomir, durch das Valle de Son March, rechts und links Zitronen- und Orangenplantagen.
Weiter geht's auf der eher langweiligen Autopista nach Port de Pollença. Der letzte Abschnitt der Tour ist noch mal was fürs Auge. Zum Club Muro rollen wir direkt an der Küste entlang.

Herausforderungen

Hinter Caimari beginnt der Aufstieg zum Coll de Sa Bataia, der mit 579 m ü. M. der höchste Punkt der heutigen Etappe ist. Die Straße schlängelt sich in vielen Serpentinen hinauf bis zur Tankstelle Lluc. Ungefähr 400 Hm müssen hier überwunden werden.

Trainingstipps

Der Schwerpunkt liegt auch bei dieser Ausfahrt auf dem Grundlagentraining und dem Training der Kraftausdauer. Abfahren kann hier ebenfalls prima geübt werden.

Sehenswert

- **Muro:** Kirche San Juan Batista; Museo de Mallorca (mallorquinische Handwerkskunst)
- **Sineu:** Kirche Nostra Seniora de los Angeles (13. Jahrhundert); Denkmal für den mallorquinischen Radfahrer Francesc Alomar am Placa Mercado; Markt (mittwochs; Placa Cathalina Thomas) – Waren aller Art und Gemüsemarkt (Ca Placa)
- **Sencelles:** Pfarrkirche San Petro aus dem 13. Jahrhundert

- **Binissalem:** Weingut José Ferrer am Ortseingang (aus Richtung Palma)
- **Kloster Lluc Senorade:** einer der bedeutendsten Wallfahrtsorte Mallorcas

Einkehr

- **Muro:** viele kleine Straßencafés
- **Sineu:** Placa de Espanja (kurz: Sa Placa) – beliebter Radlertreff
- **Binissalem:** Bars an der Placa de Iglesia (jungen Wein aus umliegenden Weingütern probieren)
- **Kloster Lluc:** Die Tankstelle versorgt fast ausschließlich Radler
- **Pollença:** Café Espanjol

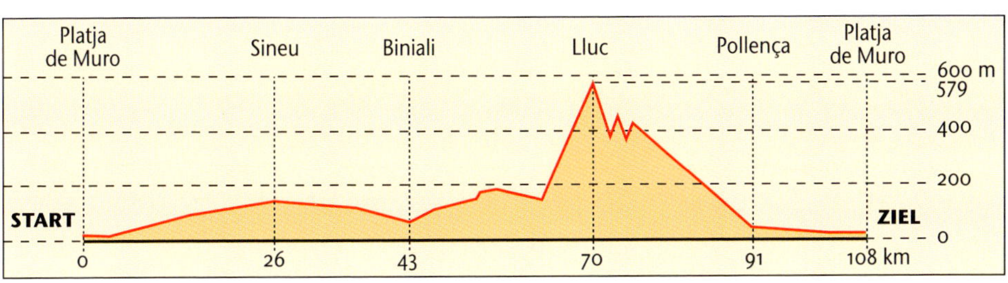

15 Platja de Muro – Sineu – Santa Maria – Coll de Hono – Orient – Selva – Buger – Platja de Muro

113 km 970 Hm
Wellige Etappe mit einem mittelschweren Anstieg

Charakter
Los geht es wieder am Platja de Muro auf einer landschaftlich schönen und leicht kupierten Strecke Richtung Muro und weiter ins altertümliche Landstädtchen Sineu. Wellig ist der folgende Streckenabschnitt über Santa Eugènia nach Santa Maria, das direkt an einem alten Römerweg liegt. Hier der Carrer Sa Matanca – Straße des Schlachtens! – folgen, sie führt direkt zum Placa hostals mit hübschen Straßencafés. Haben wir den historischen Ort passiert, rollen wir in Richtung Bunyola, wo mallorquinische Windmühlen den Weg (PM 202) säumen. An der Kreuzung nach Esglaieta der Hauptstraße nach Bunyola folgen. Ins Dorf hinein muss ein kleiner Anstieg bewältigt werden.

Pinkelpause

Von Bunyola schlängelt sich dann die Straße in Serpentinen hinauf zum Coll de Hono (11 km). Es folgt eine kurvige Abfahrt in das in ein Hochtal eingebettete Orient mit seinen alten Landhäusern und Apfelplantagen, weiter nach Lloseta und Biniamar (auf teils schlechtem Asphalt). Die letzten 25 km von Biniamar nach Platja de Muro sind anfangs leicht kupiert, Richtung Muro wird es aber zunehmend flacher, und man kann die Beine lockern.

Herausforderungen
Der 11 km lange Anstieg windet sich in vielen Serpentinen hinauf zum Coll de Hono. Hier müssen ungefähr 330 Hm überwunden werden, bevor man die Aussicht auf dem Coll genießen kann. Eine gute Tagesform ist Grundvoraussetzung, um diesen Berg unbeschadet und ohne große Quälerei zu überstehen.

Trainingstipps
Auch diese Tour ist auf Grund ihrer Länge wieder hervorragend geeignet, um die Grundlagenausdauer zu verbessern. Der lange Anstieg zum Coll de Hono ist ideal für Bergfahrtraining und Verbesserung der Kraftausdauer.

Sehenswert
- **Muro:** Kirche San Juan Batista; Museo de Mallorca (Handwerkskunst)

- **Sineu:** Kirche Nostra Seniora de los Angeles (13. Jahrhundert); Denkmal für den mallorquinischen Radfahrer Francesc Alomar am Placa Mercado; Markt (mittwochs; Placa Cathalina Thomas) – Waren aller Art und Gemüsemarkt (Ca Placa)
- **Santa Maria:** An der Straße nach Palma befindet sich die alte Weberei Artesiana Textil Bujosa
- **Orient:** eingebettet in ein liebliches Hochtal mit alten Landhäusern und vielen Apfelplantagen. Herrlich auch zum Wandern oder um einfach nur die Ruhe dieser Oase zu genießen

Einkehr

- **Muro:** viele kleine Straßencafés
- **Sineu:** Placa de Espanja (kurz: Sa Placa) – beliebter Radlertreff
- **Bunyola:** Café Central und weitere Straßencafés (Tapas variados probieren)
- **Coll de Hono:** viele kleine Straßencafés, wo gegen Abend viele Radler sitzen
- **Orient:** Bar de Muntanya

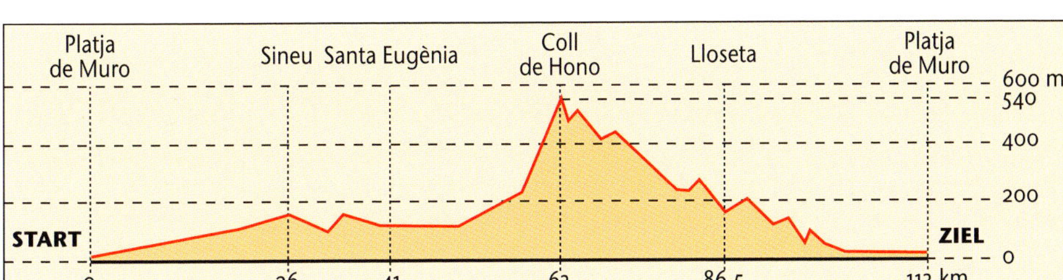

R

Hotel-Tipps

Hotel San Diego

S'Arenal

Hier haben schon viele, viele Radsportlegenden ihre müden Knochen gebettet. Das geräumige und doch sehr gemütliche Hotel liegt direkt im Zentrum von S'Arenal. Die 154 zweckmäßig eingerichteten und komfortablen Zimmer, zwölf Appartements und acht Studios befinden sich auf neun Etagen mit drei Liften. Alle Zimmer verfügen über ein Telefon, SAT-TV, einen Mietsafe und einen Balkon. Im Hallenbad oder im Freibad mit Kinderbecken können die Gäste das kalte Nass genießen. Für die ganz Aktiven stehen das benachbarte Tennisareal, ein Fitnessraum, ein Minigolfplatz und ein Bocciafeld zur Verfügung, die alle begrenzt kostenfrei genutzt werden können. Gefrühstückt werden kann auf der Dach-Sonnenterrasse, und abends laden die zwei Bars und das Restaurant zum Verweilen ein. Zum Entspannen bietet das Hotel den Gästen einen exklusiven Saunabereich. Für die Radsportfreunde stehen 120 Fahrräder zur freien Verfügung, und es wird einmal wöchentlich ein halbtägiger Radausflug (bis Ende März) und ab März jedes Wochenende ein Radrennen organisiert. Außerdem ist Doug Petty, der ehemalige Profiradfahrer aus den 1960er-Jahren, oft Gast im Hotel und organisiert Touren und begleitet die Gäste auf die Ausfahrten.

www.hotel-sandiego.com

Petit Hotel Fornalutx –

Fornalutx

Einfach weg von den Hochburgen des Tourismus. Ursprünglich ein Nonnenkloster, dann die Dorfschule, jetzt ein gemütliches Hotel im Herzen eines Dorfes, das knapp 600 Einwohner hat. Die Suite »Sa Capelleta« war die ehemalige Kapelle des Klosters und überrascht mit ihrer Architektur. Außerdem hat das Hotel noch eine andere Suite und sechs Zimmer zu bieten, die schlicht und fein eingerichtet sind. Sowohl der Leseraum als auch der Garten sind der ideale Ort, um ein Buch in aller Ruhe zu genießen. Auf zwei Terrassen kann gefrühstückt werden, während man vom Gesang der Vögel erfreut wird. Schwimmbad, Sauna und Jacuzzi sind vorhanden.

Auch wenn das Hotel nicht ausdrücklich auf Radsportler spezialisiert ist, gibt es Raum genug, um einige Räder unterzustellen.

www.fornalutxpetithotel.com

S'Hotel d'Es Puig

Deià

Kleines, gemütliches Hotel hoch oben in einem kleinen Dorf an der Nordküste. Seine entspannte Atmosphäre hatte schon in der ersten Hälfte des 19. Jahrhunderts Künstler und Schriftsteller aus dem Bohème-Kreis – Santiago Rusiñol, Ulrich Leman und Anaïs Nin – fasziniert, und die Anziehungskraft des Dorfes gegenüber Prominenten scheint nicht an Stärke zu verlieren: Auch Weltstar Michael Douglas hat Deià als seinen Wohnort auf Mallorca gewählt.
Das Hotel verfügt über acht Zimmer, darunter auch Apartment-Suiten, die neben modernem Komfort noch die ursprüngliche Eleganz aufweisen. Ein köstliches Frühstück auf der Terrasse, danach einen Sprung in das bezaubernde Schwimmbad mit Blick auf die Berggipfel, und man taucht ein in eine zeitlose Umgebung.
Mountainbiker, die hier die perfekte Landschaft für ihr Hobby finden, können nach ihren Ausflügen ihre Räder im Abstellraum des Hotels unterbringen.
www.hoteldespuig.com

Ca'n Roses

Sóller

Diese ehemalige Ölmühle hat sich in ein Idyll für Verliebte verwandelt. Seine acht Zimmer sind eigen und individuell eingerichtet, jedes ist ein kleines Juwel für sich. Manche verfügen über eine eigene Terrasse, wo man in dem Duft der Orangenbäume aus dem Garten einschlafen kann. Sogar in den Badezimmern wird nicht auf liebevolle Details verzichtet.
Der Swimmingpool ist von Palmen und breiten, dick gepolsterten Sonnenliegen aus Holz umgeben.
Es wird im Garten gefrühstückt, und abends lädt die Lounge zum Ausruhen ein. Wenn man dann Lust hat, für einen Moment die Ruhe dieses romantischen Nests zu verlassen, ist die Plaza mit ein paar Schritten zu erreichen.
Es gibt keine Hindernisse, wenn man in diesem Hotel sein Rad immer dabeihaben will. Radvermietung ist auch möglich; man wird von dem Service direkt vom Hotel abgeholt.
www.canroses.com

Hotel Cas Ferrer Nou Hotelet

Alcúdia

Im Zentrum von Alcúdia liegt ein kleines Hotel, in dem die Architektur eines 100-jährigen Gebäudes auf avantgardistisches Interior-Design trifft. Resultat: weltoffene und doch lauschige Atmosphäre. Das Nou Hotelet bietet nur sechs Zimmer an, jedoch ist jedes eine

Welt mit ihrer eigenen Persönlichkeit: von arabischer Faszination bis zu Elementen des Renaissancestils. Dieses romantische Ambiente kommt trotzdem dem modernen Charakter des Hotels völlig nach: Die Gäste können über SAT-TV, DVD, Home Cinema, Wireless Broadband Internet und Hidromassage verfügen. Es werden außerdem Unterstellmöglichkeiten für Radsportler angeboten, und in der Nähe des Hotels bietet das Wellness-Center Auca Salut Spa angenehme Gesichts- und Körperbehandlungen.
www.nouhotelet.com

*** Luxus ***

Grupotel Valparaiso Palace Hotel Palma de Mallorca

Modernes, siebenstöckiges Hotel, das von wunderschönen Gartenanlagen umgeben ist und auf einem Hügel liegt. Es befindet sich in einem ruhigen Viertel, ist aber nur einige Minuten vom Stadtzentrum entfernt. Die 174 Zimmer sind sehr geräumig und luxuriös eingerichtet, jedes bietet Platz zur Entspannung. Das Design ist sehr modern und in hellen Farben gehalten, und jedes Zimmer verfügt über einen Balkon mit Blick auf die Bucht von Palma. Zum Entspannen lädt das Naraya Spa ein, wo man auf Wunsch eine Ganzkörpermassage erhält, das türkische Bad genießt oder sich einfach einen Saunagang gönnt. Den Gästen, die im Urlaub aktiv sein wollen, bietet das Palace Hotel einen Fitnessbereich, einen Tennisplatz und ein Hallenbad mit Hydrotherapie. Außerdem stehen den Gästen ein Whirlpool, zwei Außenpools mit Poolbar, eine Boutique, ein Souvenirladen und ein Friseursalon zur Verfügung.
www.grupotel.com

Hotel La Residencia
Deià

Der Schwerpunkt dieses Luxushotels ist zweifelsohne sein eigener Wellnessbereich, der über unzählige Einrichtungen verfügt: Whirlpool im Freien, Sauna, Dampfbad und Beautysalon mit sechs verschiedenen Schönheitskabinen. Sich fit zu halten fällt hier auch nicht schwer, denn wer auch im Urlaub auf die Turngeräte nicht verzichten kann, findet hier einen vollständig ausgestatteten Fitnessraum. Und wenn man allein nicht zurechtkommt, dann stehen auch Personal Trainer zur Verfügung. Das Hotel organisiert auch geführte Spaziergänge und Wanderungen in der Umgebung. Es werden kostenlos Mountainbikes verliehen. Die Landschaft rund um das Hotel ist ziemlich steil, dementsprechend setzt sie eine gewisse Fitness voraus. Insgesamt hat das Hotel 59 Zimmer, und alle sind in dem einfachen und eleganten mallorquinischen Stil ausgestattet. Wer spontan Lust auf das kühle Nass hat, kann eine Luxus-Suite mit eigenem Pool mieten.
www.hotellaresidencia.com

Kulinarische Leckerbissen bietet das Michelin-gekrönte Restaurant, das Herz des Hotels. Mit seinen zwölf Meter hohen Bögen und den mit traumhaften Fresken bemalten Wänden verwöhnt es die Gäste mit seiner fantasievollen und delikaten Küche. Wer nicht so raffiniert essen möchte, kann in dem entspannteren, aber immer noch bezaubernden »Bistro 33« speisen. Dieses Hotel ist aber nicht nur eine gastronomische Sünde wert: Man kann in einem 200 Quadratmeter großen Schwimmbad baden oder in dem beheizten Hallenbad seine Runden drehen. Man kann sich aber auch eines der Mountainbikes kostenfrei leihen, um durch Oliven- und Mandelhaine zu fahren. Das Read's Hotel ist auch das Ziel von Motivationsreisen von T-Mobile/T-Com, welche hier auch kleine Konferenzen für ihre Führungskräfte abhalten.

www.readshotel.com

Read's Hotel & Spa
Santa Maria

Das Read's ist ein Landhotel der ersten Kategorie, welches von 20 000 Quadratmeter Landschaftsgarten umgeben ist.

Read's Hotel & Spa

*** Fincas ***

Hotel Rural Es Turó

Ses Salines

»Es Turó« heißt auf Mallorquinisch »kleine Anhöhe«, und das ist auch genau die Lage dieser Finca, wo man vor atemberaubenden Sonnenuntergängen träumen kann. Die Atmosphäre ist ruhig und familiär, was die große Anzahl von Stammkunden erklärt. Es Turó bietet zehn Juniorsuiten mit modernen Komforts wie SAT-TV-Anschluss und Klimaanlage; dazu kommt noch ein Schwimmbad und die Möglichkeit, sich von einem deutschen Physiotherapeuten massieren zu lassen. Es werden Fahrräder vermietet, und Radsportler sind hier auch keine Seltenheit, seien sie Gäste oder einfach Radfahrer auf der Durchfahrt, die gern etwas trinken möchten. Eine Radrennbahn liegt nur zwei Kilometer von der Finca entfernt.

www.esturo.com

Finca bei Santa Maria

Diese Finca aus dem Jahre 1780 mit Windmühle hat vier Doppelzimmer, ein großes Bad, eine Natursteinküche und ein Wohnzimmer mit Kamin. Moderne Bequemlichkeiten wie Heizung, Klimaanlage, SAT-TV und Pool fügen sich gut in das rustikale Ambiente ein. Tennisspielern und Radwanderern stehen hier ein eigener Tennisplatz und Mountainbikes zur Verfügung. Die Besitzer bieten den Gästen außerdem die Möglichkeit, auf ihrem Segelschiff oder mit dem eigenen Motorboot mitzufahren.

www.fincas.de

Finca

Artà

Diese Finca mit Blick aufs Meer, circa sieben Kilometer von Artà entfernt, ist ein sehr guter Ausgangspunkt für Radwanderer, die durch die Felder und die Baumplantagen in der unmittelbaren Umgebung einen ruhigen Ausflug unternehmen möchten. Wer über kein eigenes Fahrrad verfügt, kann eines kostenlos leihen. Das Gebäude besteht aus mehreren Wohneinheiten: geräumige Studios, die aus einem Wohn-Schlaf-Raum, einem Badezimmer sowie einer kleinen Küche mit Essecke bestehen, und ein Appartement, das zusätzlich über zwei Schlafzimmer verfügt. Diese Finca, die erst kürzlich restauriert wurde, hat in ihrem alten Wohnbereich die frei benutzbare, ursprüngliche Küche und ein Kaminzimmer bewahrt. Kinder sind herzlich willkommen, und wöchentlich organisieren die Besitzer einen Grillabend mit leckerem mallorquinischem Essen.

www.mallorca.cc

Sehenswürdigkeiten, die irgendwie Pflicht sind

Klar, man ist zum Radfahren hier. Aber wer häufiger auf der Insel weilt, hat ja auch eine kulturelle Verpflichtung. Deshalb hier die wichtigsten Touristen-Spots.

Kathedrale La Seu

Palma de Mallorca

Als die Araber aus Mallorca vertrieben wurden, wurde 1230 an der Stelle der ehemaligen Hauptmoschee der Grundstein für diese imponierende Kathedrale gelegt. 300 Jahre waren vergangen, als die Arbeiten endlich abgeschlossen wurden. Mit ihrem 47,80 m hohen Glockenturm und ihren im 19. Jahrhundert erbauten 67,50 m hohen Haupttürmen ist sie heute die zweitgrößte gotische Kathedrale Spaniens. Vom Vorplatz auf der Südseite kann man den Parque de Mar mit seinem großen Wasserbecken bewundern und dahinter die weite Bucht.

Das Innere der Kathedrale wurde zum Teil von Architekten des spanischen Modernismo umgestaltet. Besonders eindrucksvoll sind der riesige Dornenkronenbaldachin über dem Hauptaltar sowie das wunderschöne Rosettenfenster. Das Wahrzeichen Palmas besichtigt man idealerweise in der Abenddämmerung, wenn das Licht und die Farben eine malerische Atmosphäre schaffen.

Öffnungszeiten:
Mo. bis Sa. 12.00 bis 16.00 Uhr und 19.30 bis 23.30 Uhr.

Kathedrale La Seu

Cuves del Drac
Portocristo

Die Drachenhöhlen sind ein schwer zu beschreibendes Naturwunder. Es geht über etwa 120 Stufen hinab, dann führen große Hohlräume weiter nach unten. Die vier Hallen sind elektrisch beleuchtet und besitzen faszinierende Tropfsteine, in denen mit einiger Fantasie sonderbare Gestalten zu erkennen sind. In der größten Halle, 39 Meter unter der Erdoberfläche, befindet sich der Lago Martel, einer der größten unterirdischen Seen der Welt: Er ist 177 Meter lang, 40 Meter breit und 9 Meter tief. Zu der Führung, die ungefähr eine Stunde dauert, gehört auch ein kurzes Konzert, bei dem Musiker, von Lichteffekten begleitet, auf Booten spielen. Besonders an sehr heißen Tagen und bei Trainingspausen wegen Regen ist ein Besuch empfehlenswert.

Öffnungszeiten: stündlich Führungen: 10.00 bis 11.00 und 12.00 Uhr und am Nachmittag 14.00 bis 15.00, 15.00 bis 16.00 oder 17.00 Uhr.

La Granja
Esporles

In der kleinen Ortschaft Esporles, rund 15 Kilometer von Palma entfernt, liegt eine typische finca señorial, ein großartiges Herrenhaus aus dem 10. Jahrhundert. Das Landgut wird noch jetzt traditionell weitergeführt, und der Besucher spürt ein Gefühl der Authentizität und der Ursprünglichkeit: typische Handwerksgegenstände des früheren Landlebens (Zugtiergeschirr, Weinpresse u. a.), herrschaftliche Wohnräume, die noch im Originalzustand sind, eine Ölmühle, ein Weinkeller mit großen Fässern und Keltern und vieles mehr. Besonders bemerkenswert sind eine Spielzeugausstellung aus verschiedenen Epochen, die Schmuckwerkstatt und die Folterkammer. Außerhalb des Gebäudekomplexes liegt ein schöner Naturpark mit Fontänen und Laubengängen.

Öffnungszeiten: täglich 10.00 bis 18.00 Uhr (April bis September: 10.00 bis 19.00 Uhr).

Monasterio de Lluc
Lluc

Jeder Radsportler kommt zwangsläufig auf einer Tour hierher, weil das Kloster auf der Küstenroute liegt. Der Aufstieg ist anspruchsvoll, aber mit ein wenig Ausdauer gut zu schaffen. Vor dem Kloster kann man guten Kaffee trinken. Es lohnt sich aber auch, einmal hineinzuschauen. Das Kloster Lluc liegt in 400 Meter Höhe, am Rande eines sich weit öffnenden Tales mitten in der Serra de Tramuntana. Es wurde 1250 gegründet, könnte aber noch älter sein, zumindest der Legende seines Ursprungs nach: An diesem Ort wurde ein schwärzliches hölzernes Bild der Muttergottes gefunden, das zunächst in die Kirche der Gemeinde gebracht wurde. Dort verschwand die Madonna aber

Kloster Lluc in der Serra de Tramuntana

dreimal und wurde jedes Mal an ihrem ursprünglichen Ort im Wald wiedergefunden. Heute ist die »Moreneta« die Schutzpatronin Mallorcas und das Kloster der bedeutendste Wallfahrtsort auf der Insel. Das Gebäude gehörte einst den Augustinermönchen und ist jetzt Sitz der Bruderschaft der Missionarsorden des Heiligen Kreuzes. Die Mönche leiten eine Musik- und Gesangschule für Jungen.

Öffnungszeiten: täglich 10.00 bis 13.30 Uhr und 14.30 bis 17.30 Uhr.

Cartoixa de Valldemossa

Valldemossa

Das auf einem Hügel gelegene Kloster war ursprünglich eine Burg, die später zum Palast ausgebaut und 1399 dem Kartäuserorden geschenkt wurde. Zum Kloster gehört eine Kirche aus dem Jahre 1751, deren Kuppel vom Kartäusermönch Manuel Bayeu, einem Schwager Goyas, ausgemalt wurde. Dieser Klosterkomplex ist hauptsächlich deswegen berühmt, weil der Komponist Frédéric Chopin und die Schriftstellerin George Sand (Autorin des literarischen Reiseberichts »Ein Winter auf Mallorca«) dort für zwei Monate eine tragisch-romantische Beziehung durchlebten. In der Klosterzelle der französischen Schriftstellerin sind das Manuskript ihres Werkes und das Klavier mit den Originalpartituren ihres Geliebten zu sehen. In der Zelle des Komponisten wird sein Klavier »Pleyel« publikumswirksam ausgestellt; an den Wänden hängen hinter Glas Briefe und Dokumente. Zu besichtigen sind auch die alte Apotheke und die Klosterdruckerei.

Öffnungszeiten: 9.30 bis 13.00 Uhr und 15.00 bis 18.30 Uhr, Oktober bis März 17.30 Uhr, So. 10.00 bis 13.00 Uhr.

Castell d'Alaró

Alaró

Mit dem Rad kommt man hier kaum hin. Das Schloss Alaró auf 822 Meter Höhe ist über einen steilen Treppenpfad nur zu Fuß in einer halben Stunde durch terrassenförmig angelegte Olivenkulturen zu erreichen. Es liegt am südöstlichsten Rand der Serra de Tramuntana, in der Nähe des Ortes Alaró. Etwa 500 Meter hinter dem Ortsausgang in Richtung Orient weist ein Schild mit der Aufschrift »Castell d'Alaró« den Weg zum Schloss. Selbstverständlich ist von hier der Ausblick einfach atemberaubend: Der Blick schweift über die Ebene von Es Pla, die Buchten von Palma und Alcúdia und die Serra de Tramuntana. Eine Legende aus dem Jahre 1285 erzählt, dass hier zwei treue Gefolgsleute vom König Jaime II. den aragonischen Truppen heftig Widerstand leisteten; sie wurden aber gefangen genommen und bei lebendigem Leibe verbrannt. Es gibt hier die Möglichkeit, eine etwas abenteuerliche Nacht in zellenartigen Mehrbettzimmern zu verbringen.

Dragonera

Diese kleine Felseninsel liegt vor dem westlichsten Zipfel Mallorcas und ist durch einen 600 Meter breiten Meeresarm von der Küste getrennt. Seit 1984 steht sie unter Naturschutz. Es gibt nur einen Einwohner: den Leuchtturmwärter. Die wahren Herren der Insel sind die Eidechsen, die sich hier beobachten lassen. Es ist den Protesten der Naturschützer Anfang der 1970er-Jahre zu verdanken, dass diese Insel nicht unter den Folgen der Zivilisation leiden musste: Besitzer von Dragonera war damals ein Bankenkonsortium, das die Errichtung eines Yachthafens, eines Kasinos und mehrerer Luxusvillen geplant hatte. Es gelang der Regionalregierung schließlich, das Grundstück zu kaufen und so vor dieser Nutzung zu schützen.

Man erreicht Dragonera mit dem Boot von den Orten Sant Elm und Peguera aus. Schiffe fahren je nach Saison unterschiedlich.

Markt in Sineu

Der Ort Sineu ist fast der geografische Mittelpunkt Mallorcas und war im frühen Mittelalter unter Jaume II. sogar der Sitz der zentralen Macht. Sein Wahrzeichen ist ein dem Stadtpatron Markus gewidmeter geflügelter Löwe, der vor der Fassade der Kirche Nostra Seniora de los Angeles steht. Touristisches Highlight ist der Wochenmarkt. Die königlichen Marktrechte reichen bis 1306 zurück, und noch heute findet jeden Mittwoch ab acht Uhr einer der interessantesten Märkte auf Mallorca statt. Rings um die alte Pfarrkirche Mare Deu und in einigen Gassen geht es noch typisch mallorquinisch zu: Nicht nur Obst- und Gemüsestände (in den Sommermonaten werden hier die besten Wasser- und Honigmelonen verkauft), Lebensmittel, Keramik und Töpfereien, sondern auch Hühner, Pferde, Kühe, Schafe, Esel und viele andere Nutztiere werden in einer sehr bunten und lebendigen Atmosphäre angeboten. Besser man kommt vor zehn Uhr, bevor die Touristenbusse eintreffen und es reichlich voll wird.

Markt in Sineu

Banys Àrabs
Palma

Ende des 9. Jahrhunderts kamen die Araber nach Mallorca, und der Emir Isam al-Jawlani begann die frühere Gestaltung der Stadt Palma nach dem Beispiel islamischer Städte im Orient umzuwandeln. Es waren die Araber, die die Berghänge der Insel terrassierten, dann Oliven, Zitronen und Mandeln pflanzten und damit der mallorquinischen Landschaft ihren typischen Charakter gaben. Die letzten erhaltenen arabischen Kulturdenkmäler sind Bäder wie dieses, schöne Zeugnisse der islamischen Architektur auf der Insel.

Der Eingang ähnelt einem riesigen Schlüsselloch; innen findet man den ehemaligen Badesaal, den Calendariu, welcher für Dampfbäder bestimmt war, sowie einen rechteckigen Raum mit Tonnengewölbe. Unter den Bädern gab es damals Steinplatten, die durch die heiße Abluft aus der darunterliegenden Küche erwärmt wurden und auf diese Weise für die Heizung sorgten.

Adresse: Carrer Serra 7
Tel.: +34 (0)97 172 15 49
Öffnungszeiten: April bis September: täglich 9.00 bis 19.00 Uhr, Oktober bis März: täglich 9.00 bis 18.00 Uhr.

Ballermann im Winterschlaf

Balneario 6

Der berühmte Ballermann an der Platja de Palma ist ja eigentlich nur eine Strandbude. Wer auf Partys und Remmidemmi steht, der sollte hier auf einen Sprung vorbeikommen. Es werden täglich etwa 1500 Liter Bier und 1500 Liter Sangria ausgeschenkt, die Leute tanzen zu deutschen Schlagern und internationalen Sommerhits, singen mit und flirten. Die Schinkenstraße am Ballermann 6 ist dann eine einzige Reihe von Kneipen – das Publikum hat die Qual der Wahl. Wer im März oder Oktober vorbeischaut, wird allerdings enttäuscht sein. Dann ist hier nicht mehr los als in der Fußgängerzone von Leverkusen am Sonntagnachmittag.

Sportmuseum Palma

Das 2005 eröffnete »Museum de l'Esport« ist für Sportinteressierte definitiv einen Besuch wert. Mehr als 600 Athleten haben dafür ihre Medaillen, Pokale, Trikots, Fahrräder, Motorräder, Schuhe, Tennisschläger und einiges mehr zur Verfügung gestellt. Und die herausragenden Leistungen der mallorquinischen Sportler, wie Carlos Moyá, Rafael Nadal oder Elena Gomez, lassen die Entstehung dieses Museums nachvollziehen. Bis jetzt haben die Mallorquiner nämlich allein 69 Europameister- und 63 Weltmeistertitel erhalten, wozu noch zahlreiche nationale Meistertitel kommen. Diese Vielzahl an sportlichen Erfolgen können in zwei Räumen auf Plakaten, in Vitrinen und im Computer betrachtet werden. Radsportfreunde können sich zum Beispiel auf das Gefährt des sechsmaligen Weltmeisters Guillem Timoner freuen oder den Drahtesel des Spanischen Meisters von 1914 Simó Febrer Serra bewundern. Aber auch auf alle anderen Sportfans warten besondere Ausstellungsstücke, wie die Motorräder der beiden ersten Mallorquiner, die im Jahr 2000 bei der Paris-Dakar-Rallye starteten, oder der Tennisschläger von Shootingstar Rafael Nadal. Und vieles mehr.

Adresse: Centre Cultural de la Misericórdia, Placa del Hospital 4, Palma
Öffnungszeiten: Mo. bis Fr. 10.00 bis 14.00 Uhr.

Spanisch für Radsportler

Auf Mallorca spricht man Mallorquí, einen fremdartigen Dialekt des Katalanischen. Neben Spanisch ist diese Sprache seit 1983 gleichberechtigte Amtssprache.

Von Touristen erwartet man keine Mallorquí-Kenntnisse, aber über Spanischkundige freut man sich schon, auch wenn das Gegenüber erst allmählich begreifen wird, dass man versucht, Spanisch mit ihm zu sprechen und nicht Deutsch, wie es alle anderen tun.

Café con leche, Agua con gaz, naranja …

Radbestandteile und Werkzeuge

Bremshebel = *(la) maneta de freno*
Fahrrad (Kosename für das eigene, Drahtesel) = *(la) burra*
Fahrradrahmen = *(el) cuadro*
Felge = *(la) llanta de rueta*
Inbusschlüssel = *(la) llave allen*
Kette = *(la) cadena*
Lenkstange = *(el) manillar*
Maulschlüssel = *(la) llave fija*
Nabe = *(el) cubo*
Oberrohr = *(el) tubo horizontal*
Pedal = *(el) pedal*
Pumpe = *(la) bomba*
Reifen = *(el) neumático*
Sattel = *(el) sillín*
Sattelrohr = *(el) tubo del asiento*
Sattelstütze = *(la) tija del sillín*
Schalthebel = *(el) cambio de marcha*
Schraube = *(el) tornillo*
Schraubenzieher = *(el) destornillador*
Schutzhelm = *(el) casco*
Speiche = *(el) radio*
Kettenschneider = *(el) tronchacadenas*
Unterrohr = *(el) tubo oblicuo*
Vordere/Hintere Felgenbremse = *(el) freno sobre la llanta*
Vordergabel = *(la) horquilla (delantera)*
Ventil = *(la) válvula*
Lichtmaschine = *(el) dínamo*

Körper

Bein = *(la) pierna*
Ellenbogen = *(el) codal*
Ferse = *(el) talón*
Finger = *(el) dedo*
Fußgelenk = *(la) la articulación del pie*
Hals = *(el) cuello*
Hand = *(la) mano*
Handgelenk = *(la) muñeca*
Hinterbacke = *(la) nalga*

Hintern = *(el) trasero*
Hüften = *(las) caderas*
Knie = *(la) rodilla*
Rücken = *(la) espalda*
Schenkel = *(el) muslo*
Schulter = *(el) hombro*
Wade = *(la) pantorilla*

Gesundheit

Abschürfungen = *(las) abrasiones*
Apotheke = *(la) farmacia*
Arzt = *(el) médico*
Asthma = *(el, la) asma*
Augentropfen = *(el) colirio*
Blauer Fleck = *(el) moratón*
Desinfektionsmittel = *(el) desinfectante*
Eis-Spray = *hielo spray*
Fraktur = *(la) fractura*
Hautausschlag = *(la) irritación de la piel*
Isotonisches Getränk = *(la) bebida isotónica*
Massage = *(el) masaje*
Milchsäure = *(el) ácido láctico*
Muskelentzündung = *(la) inflamación muscular*
Muskelkater = *(las) agujetas*
Nackenschmerzen = *(los) dolores cervicales*
Pflaster = *(la) tirita*
Puder = *(el) talco*
Riss = *(el) desgarro*
Salbe = *(la) pomada*
Schmerzstillendes Mittel = *(el) analgésico*
Sehnenentzündung = *(la) tendinitis*
Sonnencreme = *(la) crema solar*
Stift gegen Insektenstiche = *(el) stick repelente de insectos*
Stopfmittel = *(los) antidiarreicos*
Sturz = *(la) caída*
Toilette = *(el) cuarto de baño*
Überzuckerung (Hyperglykämie) = *(la) hiperglucemia*
Unterzuckerung (Hypoglykämie) = *(la) pájara (hipoglucemia)*
Verband = *(el) vendaje*
Wunde = (la) herida
Zerrung = *(la) la distensión*

Meinungsaustausch im Verkehr

Du Blödmann! Du hast mir den Weg abgeschnitten!
¡Estùpido, me has cortado la calle!

Ich hatte Vorfahrt!
¡Yo tenía la preferencia!

Jetzt rufe ich die Polizei.
Ahora mismo llamo a la policia.

Wir haben einen Unfall gehabt. Könntet ihr uns helfen?
Hemos tenido un accidente.¿Nos podéis ayudar?

Nicht so schnell!
¡No ir tan rapido!

Scheiße, man hat mein Rad geklaut.
¡Joder! Me han mangado la bici.

Wo ist das nächste Polizeirevier?
¿Dónde esta el puesto de policia mas cercano?

Ich glaube, ich werde ohnmächtig ...
Siento que voy a desmayarme ...

Ich schwitze wie ein Schwein (Pferd)!
¡Estoy sudado/a como un cavallo!

Trinken wir ein Bier?
¿Nos tomamos una cerveza?

Ich kann nicht mehr. Ich bin fertig.
Ya no puedo mas. Estoy molido/a

Regeln für Radfahrer

Speziell für Mallorca

Vorfahrtsregelung

- Ein Radfahrer hat dann Vorfahrt, wenn ein Autofahrer auf eine Straße nach links oder rechts einbiegt.

- Als Gruppe werden Radfahrer wie ein einzelnes Auto betrachtet, das bedeutet, die Vorfahrt bezieht sich auf alle Radfahrer der Gruppe. Der Kraftfahrzeugführer muss, wenn sich der erste Radfahrer der Gruppe schon in der Kreuzung oder dem Kreisverkehr befindet, so lange warten, bis der letzte der Gruppe auch durch ist.

Fahren in der Gruppe

- Innerhalb der Gruppe muss kein Sicherheitsabstand eingehalten werden, und man darf an den Fahrern der eigenen Gruppe bedenkenlos vorbeifahren; zählt nicht als Überholvorgang.

- Nebeneinander fahren ist gestattet, jedoch maximal zu zweit und nur auf ausreichend breiten und übersichtlichen Straßen.

Rechts fahren

- Dies ist ein Muss für alle Radfahrer auf Mallorca, bei Möglichkeit auf dem Seitenstreifen.
  Ausnahme: Abfahrten, hier darf der Radfahrer so viel der Fahrspur beanspruchen, wie er benötigt, um heil anzukommen.

- Auf dem Seitenstreifen zu fahren ist den Begleitfahrzeugen der Radler, bei langsamer Geschwindigkeit, ebenfalls erlaubt.

Links abbiegen

- Außerhalb geschlossener Ortschaften: Abbiegevorgang wenn möglich vom rechten Straßenrand aus beginnen. Ausnahme: Linksabbiegespur vorhanden.

Promillegrenze

- Liegt genau wie bei den Autofahrern bei 0,5 Promille.

Radwege

- In der Umgebung von Radwegen müssen Autofahrer, wenn Radfahrer in der Nähe sind, die Geschwindigkeit verlangsamen und, wenn nötig, anhalten. Gilt in geschlossenen Ortschaften sowie außerhalb.

Kleidung

- Reflektierende Kleidung ist außerhalb geschlossener Ortschaften vorgeschrieben, wenn das Licht eingeschaltet werden muss. Gesehen werden können müssen die Lichtreflexe in einer Distanz von mindestens 150 Metern.

- Ebenfalls herrscht außerhalb geschlossener Ortschaften absolute Helmpflicht. Ausnahme: medizinische Gründe oder extreme Hitze.

Autor Elbern auf halber Strecke zum Puig Major

Radsportkalender Mallorca

::: Radtourismus

Mitte Februar

Cicloturistada Ciutat de Manacor
Veranstalter: C.C. BTT Manacor
Tel.: +34 (0)971 84 45 81
Ort: Cala Mendia

Cicloturistada Ciutat de Manacor (Festa Des Pedal)
Veranstalter: C.C. BTT Manacor
Tel.: +34 (0)971 84 45 81
Ort: Cala Mendia
Teilnehmer jeden Alters. Unterschiedliche Leute, die einen Tag zusammen verbringen möchten, an dem man den Sport an sich zelebriert.

März

Volta Cicloturista Sa Pobla
Veranstalter: C.C. Sa Pobla
Tel.: +34 (0)971 54 18 12
Ort: Sa Pobla
Sa Pobla–Sa Pobla, 76 Kilometer durch die Straßen für Radtouristen der Gegend. Keine Zeitnahme. Für Radtouristen und Radfahrer, die einfach Spaß am Fahren haben.

Marxa Cicloturista des Güell a Lluc
Veranstalter: G.C. Son Ferriol
Tel.: +34 (0)971 42 83 76
Ort: Palma
100 Kilometer Strecke. Eine Verpflegungsstation.

Diada Cicloturista Mega Sport
Veranstalter: Humiclima Velociutat, Tel.: +34 (0)971 76 34 34
Ort: Palma
72 Kilometer Strecke. Eine Verpflegungsstation.

Marxa de Llevant
Veranstalter: C.C. Platges de Cala Millor, Tel. : +34 (0)971 81 37 60
Ort: Cala Millor
104 Kilometer Strecke. Eine Verpflegungsstation; rund 200 Teilnehmer. Eine leichtere Radtour für Jedermänner. Eine attraktive Strecke, mit typischen Orten und einer vielseitigen Landschaft.

I Jornada Cicloturista de s'Institut
Veranstalter: A.C. Sineu
Tel.: +34 (0)971 52 02 83
Ort: Sineu

April

Volta Cicloturista Inter. a Mallorca
Veranstalter: Unisport Consulting
Tel.: +34 (0)971 20 00 04
Ort: nicht bestimmt
Freundschaftsrennen ohne Teilnehmerbeschränkung für alle Radsportbegeisterte mit oder ohne Verbandsmitgliedschaft. Es wird derselbe Streckenverlauf genutzt, welchen die Profiteams auf der Challenge Vuelta a Mallorca absolvierten.

Mitte September

Trencagarrons
Veranstalter: G.E. Sport Marketing
Tel.: +34 (0)971 56 98 88
Ort: Alcúdia
Aufstieg zur höchsten Erhebung der Insel, dem Puig Major (1445 m). Das Durchschnittsgefälle auf den letzten sieben Kilometern beträgt 11 %, Rampen bis zu 16 %. Gesamte Streckenlänge wurde 2005 auf 138 Kilometer verlängert. Keine Zeitnahme; Teilnahmebeschränkung (bis 500 Teilnehmer).

Oktober

Cicloturistada Volta Espanya
Veranstalter: G.D. Gomila
Tel.: +34 (0)971 51 19 32
Ort: Binissalem
Diese Veranstaltung wird schon seit 20 Jahren organisiert und zieht jedes Jahr um die 350 bis 400 Teilnehmer an, und es werden immer mehr. Die Streckenlänge beträgt 90 Kilometer und führt teilweise durch die Berge (auf den Hügel Tomir, den schwersten Teil des Rennens).

II Jornada Cicloturista de s'Institut
Veranstalter: A.C. Sineu
Tel.: +34 (0)971 52 02 83
Ort: Sineu

Anfang November

Baixada a Sóller »Quart Memorial J. Oliver«
Veranstalter: C.D. Sollerense, C/BISBE COLOM, 29 – 7100 Sóller
Ort: Valldemossa
28,6 Kilometer Fahrstrecke, rund 250 Teilnehmer. Die meisten davon sind Bürger von Valldemossa. Unter denen sind gesamte Familien: Sie radeln zusammen, genießen die Landschaft, lernen Leute aus anderen Dörfern kennen. Mit diesem Rennen wird an Jaume Oliver erinnert, einen Menschen, der sich stark für den Sport in Valldemossa engagiert hat.

Sonstige Veranstaltungen

Februar

::: Strasse

Challenge Volta a Mallorca
Veranstalter: U.C. Blahi
C/Previsores, 16
7630 Campos
Ort: nicht bestimmt

Un Hivern a Mallorca
Veranstalter: C.C. Arenal
Tel.: +34 (0)971 74 45 46
Ort: nicht bestimmt

Trofeu S'Horta
Veranstalter: A.C. S'Horta
Tel.: +34 (0)34 84 45 81
Ort: S'Horta

::: Rundstrecke

Trofeu costa Serverina
Veranstalter: C.C. Platges Cala Millor
Tel. : +34 (0)971 81 37 60
Ort: Cala Millor

März

::: Strasse

Un Hivern a Mallorca
Veranstalter: C.C. Arenal
Tel. : +34 (0)971 74 45 46
Ort: nicht bestimmt

Cinturón Internacional a Mallorca
Veranstalter: C.S.D. Palma
Tel. : +34 (0)971 47 12 83
Ort: nicht bestimmt

April

::: Rundstrecke und Strasse

Memorial David Gomez Sanchez
Veranstalter: C.C. Pollença
Tel. : +34 (0)971 53 14 14
Ort: Pollença

Trofeu Pasqua Ariany
Veranstalter: C.C. Ariany
Tel. : +34 (0)630 27 09 47
Ort: Ariany

Memorial Joan Vidal
Veranstalter: A.C. Ses Salines
Tel.: +34 (0)616 27 21 95
Ort: Colònia de St. Jordi

Campionat de Mallorca
Veranstalter: C.C. Santa Catalina
Tel.: +34 (0)971 28 01 35
Ort: Palma

::: Strasse

Trofeu Fira de Santa Maria del Camí
Veranstalter: P.C. Antoni Gelabert
Tel.: +34 (0)971 27 22 62
Ort: Santa Maria del Camí

::: Rundstrecke

Trofeu Pol. Indus. Manacor
Veranstalter: C.J.C. Manacor,
Tel.: +34 (0)971 84 45 81
Ort: Manacor

Mai

::: Strasse

Pla de Mallorca – G.P. La Caixa
Veranstalter: C.C. Muro
Tel.: +34 (0)971 47 75 63
Ort: Muro

Pla de Mallorca – G.P. La Caixa
Veranstalter: S.C. Vilafranca
Tel.: +34 (0)607 31 80 93
Ort: Vilafranca

Pla de Mallorca – G.P. La Caixa
Veranstalter: C.C. Montuíri
Tel.: +34 (0)971 64 64 60
Ort: Montuíri

::: TRIATHLON

Pla de Mallorca – G.P. La Caixa
Veranstalter: C.C. Sa Pobla
Tel.: +34 (0)971 54 18 12
Ort: Sa Pobla

Trofeu Guillem Timoner
Veranstalter: C.C. Felanitx
Tel. : +34 (0)971 55 65 65
Ort: Felanitx

::: Rundstrecke

Memorial Josep Nicolau
Veranstalter: C.C. Lloret,
Tel.: +34 (0)971 75 23 53
Ort: Lloret de Vista Alegre

Cursa Gran Premi Son Carrió
Veranstalter: S.E. Illes Balears,
Tel.: +34(0)971 83 86 43
Ort: Son Carrió

::: Bahn

Challenge de Primavera de Pista
Veranstalter: C.C. Mallorca,
Tel.: +34 (0)610 28 01 67
Ort: Velòdrom de Son Moix

Juni

::: Strasse

Pla de Mallorca – G.P. La Caixa
Veranstalter: A.C. Sineu,
Tel. : +34 (0)971 52 02 83
Ort: Sineu

Ruta Cicloturista – Cto. Balears Muntanya
Veranstalter: C.C.Llucmajor
Tel.: +34 (0)971 66 09 70
Ort: Llucmajor

Campionat de Balears Carretera
Veranstalter: C.J.C. Manacor
Tel.: +34 (0)971 84 45 81
Ort: Manacor

Memorial Tomeu Blau
Veranstalter: C.C. Inca
Tel.: +34 (0)667 57 40 42
Ort: Deià

Trofeu Vila de Son Servera (1a etapa)
Veranstalter: U.C. Son Servera
Tel.: +34 (0)971 58 66 12
Ort: Son Servera

::: Rundstrecke und Strasse

Trofeu Vila de Son Servera (3a etapa)
Veranstalter: U.C. Son Servera
Tel.: +34 (0)971 58 66 12
Ort: Son Servera

::: Rundstrecke

Trofeu Mancor
Veranstalter: C.C. Inca
Tel.: +34 (0)667 57 40 42
Ort: Mancor de la vall

Festes Sant Marçal
Veranstalter: C.C. Pla de Na Tesa
Tel.: +34 (0)971 60 07 38
Ort: Sant Marçal

Memorial Bernat Capó – F. S. Joan Muro
Veranstalter: C.C. Muro
Tel.: +34 (0)971 47 75 63
Ort: C.C. Muro

Trofeu Vila de Son Servera (2a etapa)
Veranstalter: U.C. Son Servera
Tel.: +34 (0)971 58 66 12
Ort: Son Servera

::: Bahn

Challenge de Primavera de Pista (Cpt. Balears Pista Júnior i Open)
Veranstalter: C.C. Mallorca, 0034 / 610 28 01 67 - P.C. Establiments
Tel.: +34 (0)971 76 85 10
Ort: Velòdrom de Son Moix

Vila de Sineu
Veranstalter: A.C. Sineu
Tel.: +34 (0)971 52 02 83
Ort: Sineu

Juli

::: Strasse

Campionat de Balears – Trofeu Son Gual
Veranstalter: P.C. Establiments
Tel.: +34 (0)971 76 85 10
Ort: Establiments (Palma)

Festes Sant Jaume – Cto. Balears Cadet
Veranstalter: C.C. Llucmajor
Tel.: +34 (0)971 66 09 70
Ort: Llucmajor

::: Rundstrecke

Trofeu Festes de Crist Rei
Veranstalter: C.C. Inca
Tel.: +34 (0)667 57 40 42
Ort: Inca

Memorial Guillem Zuzama – Bernat Vallespir
Veranstalter: G.C. Son Ferriol
Tel.: +34 (0)971 42 83 76
Ort: Son Ferriol (Palma)

Trofeu del Carme
Veranstalter: C.J.C. Manacor
Tel.: +34 (0)971 84 45 81
Ort: Portocristo

Cursa Sant Feliu
Veranstalter: A.C. Llubí
Tel.: +34 (0)605 39 64 06
Ort: Llubí

Cursa Ciclista Sant Jaume
Veranstalter: C.C. Sa Pobla
Tel.: +34 (0)971 54 18 12
Ort: Sa Pobla

Gran Premi d'Algaida
Veranstalter: C.S.D. Palma
Tel.: +34 (0)971 47 12 83
Ort: Algaida

Festes Patronals de Pollença
Veranstalter: C.C. Pollença
Tel.: +34 (0)971 53 14 14
Ort: Pollença

::: Bahn

Vila de Sineu-Campionat Base
Veranstalter: A.C. Sineu
Tel.: +34 (0)971 52 02 83
Ort: Sineu

::: Triathlon und Strasse

Memorial Pere Bestard
Veranstalter: C.C. Inca
Tel.: +34 (0)667 57 40 42
Ort: Inca

August

::: Strasse

Trofeu Cala d'Or
Veranstalter: C.C. Cala D'Or
Tel.: +34 (0)971 65 81 11
Ort: Cala d'Or

Challenge de Tardor San Barto-meu
Veranstalter: C.C. Montuíri
Tel.: +34 (0)971 64 64 60
Ort: Montuíri

::: Rundstrecke

Circuit Sant Salvador
Veranstalter: C.C. Artanense
Tel.: +34 (0)971 83 52 13
Ort: Artà

Diada Sant Llorenç
Veranstalter: S.E. Illes Balears
Tel.: +34 (0)971 83 86 43
Ort: Sant Llorenç

Trofeu Son Macia
Veranstalter: C.J.C. Manacor
Tel.: +34 (0)971 55 51 73
Ort: Son Macia (Manacor)

Memorial Francesc Alomar
Veranstalter: A.C. Sineu
Tel.: +34 (0)971 52 02 83
Ort: Sineu

Trofeu Sant Roc
Veranstalter: P.C. Porrerense
Tel.: +34 (0)971 64 78 52
Ort: Porreres

Festes Sant Agustí
Veranstalter: C.C. Felanitx
Tel.: +34 (0)971 55 65 65
Ort: Felanitx

Sant Bartomeu
Veranstalter: A.C. Ses Salines
Tel.: +34 (09)616 27 21 95
Ort: Ses Salines

Trofeu Sant Joan
Veranstalter: C.J.C. Manacor
Tel.: +34 (0)971 84 45 81
Ort: Sant Joan

::: Bahn

Vila de Sineu
Veranstalter: A.C. Sineu
Tel.: +34 (0)971 52 02 83
Ort: Sineu

September

::: Strasse

Challenge de Tardor (Pla de Na Tesa)
Veranstalter: C.C. Pla de Na Tesa
Tel.: +34 (0)971 60 07 38
Ort: Pla de Na Tesa

Challenge de Tardor - Trofeu Mega Sport
Veranstalter: Humiclima Velociutat
Tel.: +34 (0)971 43 12 16
Ort: Palma

::: Rundstrecke

Challenge de Tardor (Trofeu Lloseta)
Veranstalter: C.C. Inca
Tel.: +34 (0)667 57 40 42
Ort: Inca

Challenge de Tardor
Veranstalter: C.J.C. Manacor
Tel.: +34 (0)971 84 45 81
Ort: Manacor

Festes Patronals Maria de la Salut
Veranstalter: C.C. Maria de la Salut,
Tel.: +34 (0)971 72 38 42
Ort: Maria de la Salut

Challenge de Tardor (Trofeu Alaró)
Veranstalter: C.C. Inca
Tel.: +34 (0)667 57 40 42
Ort: Inca

::: Triathlon

Challenge de Tardor (Santa Magdelena)
Veranstalter: C.C. Inca
Tel.: +34 (0)667 57 40 42
Ort: Inca

Oktober

::: Strasse

Challenge de Tardor
Veranstalter: Unisport Consulting
Tel.: +34 (0)971 20 00 04
Ort: Palma

Trofeu Festes d'es Vermar
Veranstalter: G.D. Gomila
Tel.: +34 (0)971 51 19 32
Ort: Binissalem

Trofeu Inter. Masters
Veranstalter: Unisport Consulting
Tel.: +34 (0)971 20 00 04
Ort: Palmanova

Volta Inter. a Mallorca Masters
Veranstalter: Unisport Consulting
Tel.: +34 (0)971 20 00 04
Ort: nicht bestimmt

Dezember

::: Rundstrecke

Carrera de s'Indiot »Trofeu Tomeu Verd«
Veranstalter: C.C. Sa Indiotería
Tel.: +34 (0)666 46 45 25
Ort: Palma

Etappe bei der Mallorca-Rundfahrt

COMUNITAT

Radsportgeschäfte

Belori Bike und Mallorca Adventure
C/Marbella 22 L. 34 Edif. Pi-lari Playa
7610 Palma de Mallorca
Tel. & Fax: +34 (0)971 49 03 58
info@belori-bike.com
www.belori-bike.com

Vermietung, Ausstattung (vom Sturzhelm bis zum winzigsten technischen Teil bei einer Reparatur), Veranstaltung von Ausflügen.

Ciclos Blando
C/Manacor 25
07006 Palma de Mallorca
Tel.: +34 (0)971 46 33 57
Fax: +34 (0)971 77 00 50
blando@ciclosblando.com
www.ciclosblando.com

Produkte der namhaftesten Hersteller, Messung, Werkstatt, Ausflüge.

Embat Ciclos
C/Bartolume' Riutort 27
07610 Can Pastilla, Palma de Mallorca
Tel.: +34 (0)971 49 23 58
Fax: +34 (0)971 49 20 87
info@embatciclos.com
www.embatciclos.com

Spezialisten für den Fahrradverleih für Gruppen, Werkstatt für die geliehenen Fahrräder.

Meam Si Torn – Bicicletes
www.meamsitorn.com

Antonia Vilanova Vadell
Fra Juniper Serra, 41
07500 Manacor (Mallorca)
Tel.: +34 (0)971 84 42 71

Kooperationspartner von Ciclos Gomila. Mit Werkstatt.

Meam si torn, S.L.
Plaça Ca Les Munnares, s/n
07460 Pollença
Tel.: +34 (0)971 53 25 60

Neue Geschäftsräume. Werkstatt vorhanden.

Ciclos Quintana
C/Sant Cristòfol, 32
07600 S'Arenal
Tel.: +34 (0)971 44 29 25
ciclosquintana@yahoo.es
www.mallorcaweb.net/quintanabike/

Werkstatt, Kleidung, Zubehör. Waschservice inklusive. Vielzahl von Marken.

Star Sport
Eusebio Estada, 82
07004 Palma de Mallorca
Tel. & Fax: +34 (0)971 29 06 23
starsport@telefonica.net
info@starsport.org
www.starsport.org

Geschäft für Sport im Allgemeinen. Kleidung der größten Sportmarken und Möglichkeit, kundenindividuelle Kleidungsstücke zu bestellen.

S'Escapada Bicicletes
Ronda Jaume II, 49
07630 Campos
Tel.: +34 (0)971 65 07 26
info@sescapada.com
www.sescapada.com

Geschäft mit breiter Produktpalette: Straßenräder, Rennräder und Mountainbikes; seine Stärke liegt jedoch in der Werkstatt.

Ciclos Gomila
www.ciclosgomila.com

Binissalem
C/Conquistador, 18
07350 Binissalem Palma de Mallorca
Tel.: +34 (0)971 51 19 32
Fax: +34 (0)971 51 20 51
binissalem@ciclosgomila.com

Palma
C/Eusebio Estada, 84
07009 Palma de Mallorca
Tel.: +34 (0)971 29 22 55
palma@ciclosgomila.com

Eigene Werkstatt, große Ausstellung, ständig Sonderangebote.

Wheels Sport Bicycle Shop
www.wheelssport.tk

Port d'Alcúdia
Avda. Nicolau Riera Marsa, 2
07410 Pto. Alcúdia
Tel.: +34 (0)971 89 27 32
Fax: +34 (0)971 89 10 41
wheelssport@hotmail.com

Can Picafort
Crta. Alcúdia – Artà, 31
07458 Can Picafort
Tel.: +34 (0)971 85 23 98
Fax: +34 (0)971 89 10 41
wheelssport@hotmail.com

Radsportstation von
Bicycle Holidays Max Hürzeler
Can Picafort
Im Grupotel Gran Vista an der Hauptstraße Alcudia – Arta
Tel.: +34 (0)971 85 28 04
www.huerzeler.com

Bicicletas Sancho
C/Molins, 30
07560 Cala Millor
Tel: +34 (0)971 81 37 60
miguel@bicis-sancho.com
www.bicis-sancho.com

Werkstatt, Kleidung, Angebot von zahlreichen Marken, Vermietung von Mountainbikes, Trekking-, Tandem-, Trial-, Rennrädern und Motorrädern.

Tienda Timoner
Passeig Ramon Llull, 24
07200 Felanitx

Das Geschäft des berühmten, mehrfachen Weltmeisters Guillem Timoner, einer verkörperten Radlegende. Sein Geschäft ist nun das Ziel von richtigen Pilgerfahrten.

Bimont Bicicletes
Plaza Progreso, 19
07013 Palma de Mallorca
Tel.: +34 (0)971 73 18 66
Fax: +34 (0)971 45 05 05
tienda@bimont.com

Bicicletas Calabona
Na Llambies, 67
07559 Cala Bona – Son Servera
Tel.: +34 (0)971 58 55 29

Bicicletas Can Botellas
Reis de Mallorca, 25
07250 Villafranca
Tel.: +34 (0)971 56 06 19

Mayol Arbona
Lluna, 100
07100 Sóller
Tel.: +34 (0)971 63 01 39

Tot Bici
Mallorca, 2
7157 Andratx
Tel.: +34 (0)971 1367 10

Can Nadal
Polig. Ferrocarril, 61
07500 Manacor
Tel.: +34 (0)971 55 20 85

Pause in Montuíri

Klimatabelle

Palma de Mallorca	Jan	Feb	März	Apr	Mai	Juni	Juli	Aug	Sep	Okt	Nov	Dez	Jahr
Max. Temperatur	24.0	25.0	26.6	28.8	33.6	37.8	39.0	35.5	35.5	31.4	26.0	23.6	39.0
Mittlere max. Temperatur	14.7	15.3	16.1	18.5	22.0	26.1	29.4	29.3	27.3	23.4	18.6	15.3	21.4
Mittlere tägl. Temperatur	10.8	11.1	11.8	14.3	17.5	21.6	24.8	25.0	22.9	19.1	14.7	11.6	17.1
Mittlere min. Temperatur	6.9	6.9	7.4	10.0	12.9	17.0	20.1	20.7	18.5	14.8	10.7	7.8	12.8
Min. Temperatur	-3.0	-4.0	-1.0	-0.4	4.6	8.4	12.0	11.0	4.2	1.0	-0.6	-3.0	-4.0
Nachttemperatur	6	6	7	9	13	16	19	19	18	14	10	7	12
Rel. Feuchtigkeit %	78	73	70	67	65	63	62	65	70	73	76	77	70
mittl. Wassertemperatur in °C	14.4	13.9	14.1	15.1	17.4	20.8	24.2	25.4	24.3	21.8	18.5	15.9	18.8
mittl. Niederschlag in mm	38	31	30	37	28	15	6	18	47	66	48	46	408
Tage > 1,0 mm Niederschlag	6	5	6	7	5	1	1	2	3	7	5	6	54
mittl. tägl. Sonnenstunden	5.2	5.5	6.1	7.1	8.6	10.1	10.7	9.8	7.6	6.7	5.5	5.1	7.4
mittlere Windgeschw. (km/h)	15	15	17	17	17	17	18	17	15	15	17	13	15

Radreiseveranstalter

Acorn Hotels

Spanien

Standorte

Santa Ponsa, Cala Millor, Palma Nova

Kontakt

Tel.: +34 (0)971-450 611
Fax: +34 (0)971-450 605
info@acorn.es · www.acorn.es

Angebot

Radvermietung und Service; Lager, Wartung und Reinigung kostenlos für Kunden; geführte MTB-Touren mit drei Niveaus; Rennradschulung und -training Februar bis April.
Sonderangebote im Februar: Rennradwoche und Mountainbike-Woche.
Umfangreiches Sportprogramm (Wanderausflüge, Tauchsport, See-Kajak).

Balear Reisen GmbH

Deutschland

Standorte

Can Picafort, Pollença, Campos

Kontakt

Tel.: +49 (0)4230-942 429
Fax: +49 (0)4230-942 449
kundenservice@balearreisen.de
www.balearreisen.de

Angebot

Can Picafort, Pollença: Moderne Radstation mit Werkstatt, Vermietung und Shop. Ausgangspunkt für umfassendes und abwechslungsreiches Radtraining. MTB: Geführte Touren für Geländeeinsteiger, -aufsteiger und Ambitionierte; Rennradtourenpakete.
GPS-Navigationsgerät mit ausgewählten Strecken erhältlich.
Campos: Möglichkeit, in restauriertem Bauernhaus (»Finca«) zu wohnen. Mountainbikes stehen zur Verfügung und Fahrrad-Ausflugsstrecken innerhalb des Gutes sind vorbereitet.

Baumeler AG

Schweiz

Standort: Cala Pi

Kontakt

Tel.: +41 (0)41-418 65 65
Fax: +41 (0)41-418 65 96
info@baumeler.ch · www.baumeler.ch

Angebot

Ausführliches Reiseprogramm für Radtouristen durch leicht hügeliges Gelände, auch für Kinder geeignet. Durchschnittliche km-Leistung von 60 km.

Bicycle Holidays Max Hürzeler

Schweiz, Mallorca

Standorte

Alcúdia, Can Picafort, Sa Coma, Platja de Palma, Puig de Ros

Kontakt: www.huerzeler.com

Angebot

Größter Veranstalter auf der Insel.
Sa Alcúdia: Radzelt, Werkstatt, Waschstation und Verpflegungsstand, Radvermietung. Arzt/Sanitäter (je nach Saison) und Massageangebot vorhanden.
Can Picafort: Neue Radsportstation, neben Renn- und Sporträdern auch auf Mountainbikes spezialisiert.
Sa Coma: Klein, aber fein.
Platja de Palma: Neue und moderne Station; erfreut sich immer größerer Nachfrage.
Puig de Ros: Der 5-fache Profi-Querfeldeinweltmeister Albert Zweifel ist für diese Station verantwortlich. Wurde als erste Station auf Mallorca von Max

Hürzeler eröffnet; Infrastruktur wurde jährlich verbessert und erweitert.

Bike-Petry GbR

Deutschland

Standorte

Alcúdia, Can Picafort

Kontakt

Tel.: +49 (0)6146 - 67 88

Fax: +49 (0)6146 - 820 53 58

bikepetry@gmx.de

www.bike-petry.de

Angebot

Jeden Tag kostenlos geführte Touren.

BiTou GmbH

Deutschland

Standort: Llubi

Kontakt

Tel.: +49 (0)7633 - 808866

Fax: +49 (0)7633 - 808865

info@bitou.de · www.bitou.de

Angebot

Rennradtrainingswochen. Übernachtung in einer Finca mit Pool; technische Materialbetreuung. 80 bis 160 km pro Tour mit Geschwindigkeit von 23 bis 28 km/h, Lunchpakete für unterwegs.

Chaka goes Mallorca (Magos e.K.)

Deutschland

Standort: Platja de Palma

Kontakt

Tel.: +49 (0)2625 - 1817

info@chaka-goes-mallorca.de

www.chaka-goes-mallorca.de

Angebot

Zwei Radkeller mit kombinierter Werkstatt und Waschecke, Verkaufsbereich für Fahrradzubehör; Massageangebot.

Cycle Sports Holidays Fred Rompelberg

Niederlande

Standort: Platja de Palma

Kontakt

fredrompelberg@planet.nl

www.fredrompelberg.com

Angebot

Mini-Radsportservice-Paket (Werkstatt, Waschstation, Vermietung) und Radsportservice-Paket (mit Trikot, Mütze, Erinnerungspreisen, Foto, Gutscheinen); fünf Gruppentypen, von 60 km bis 160 km pro Tag.

Diana Sportreisen GmbH

Deutschland

Standorte: Platja de Palma, Alcúdia

Kontakt

Tel.: 02542 - 95 61 - 0

Fax: 02542 - 95 61 - 29

info@dianasport.de

www.dianasport.de

Angebot

Alcúdia Rad-Miniservice (ohne Gruppenausfahrten oder Mechaniker-Service, nur Abholung des Rads vom Flughafen) und Komplettservice (Werkstatt), Waschstation, Radkeller (obligatorisch in Alcudia). Drei Gruppentypen oder individuelle Touren. Schwerpunkt sind die wichtigsten Dienstleistungen, auf allerhand Beiwerk wird verzichtet.

Easy-Tours GmbH

Deutschland

Standorte

Can Picafort, Alcúdia, Sa Coma, Platja de Palma

Kontakt

Tel.: +49 (0)7031-410 68 0
Fax: +49 (0)7031-410 68 10
info@easy-tours.de
www.easy-tours.de

Angebot

Treue-Karte mit Rabatten für Stammgäste.
Ganzjährige Tourprogramme, Massageangebot und Möglichkeit von Full-Service-Paket in Can Picafort. Werkstatt oder Radkeller je nach Hotel. MTB (2 Gruppentypen), Cross- und Trekkingbike (2 Gr.), Rennrad (7 Gr., von 20 km bis 220 km pro Tag).
Möglichkeit Einweg-Bustransfer für Sondertouren mit Radtransport.

Eurobike, Eurofun Touristik GmbH

Österreich

Kontakt

Tel.: +43 (0)6219-7444
Fax: +43 (0)6219-8272
eurobike@eurobike.at
www.eurobike.at

Angebot

Mallorca-Radtouren.
4 Saisons: 01.09. bis 30.09. / 01.06. bis 23.06. / 03.03. bis 31.05. / 01.10. bis 27.10. Bus-Begleitung; leichte bis mittelschwere Etappen, schwierige Abschnitte werden mit dem Bus überbrückt.

Freizeit Aktiv

Deutschland

Standort: Port Sóller

Kontakt

Tel.: +49 (0)6898-93 52 70
Fax: +49 (0)6898-93 52 90
info@freizeitaktiv.de
www.freizeitaktiv.de

Angebot

Touren: 18.02. bis 25.02., 04.03. bis 11.03. Rennräder werden vor Ort ausgeliehen. Für Radfahrer mit mittlerer bis guter Kondition, die Lust haben auf 80 bis 130 km pro Tour. Besichtigungen und eine Weinprobe gehören auch dazu.

Gerhardt North Radsportferien

Österreich

Standort: Platja de Palma

Kontakt

Tel.: +43 (0)1897-46 51
Fax: +43 (0)1987-46 51 16
gerhard_north@hotmail.com
www.gerhardnorth.com

Angebot

Werkstattservice, Radkeller, Radwaschplatz. Vier geführte Gruppentypen. Möglichkeit des Busservice, zurück ins Hotel mit Rad.

Gusti Zollinger Radreisen GmbH

Schweiz

Standort: Sant Jordi

Kontakt

Tel.: +41 (0)56-268 62 60
Fax: +41 (0)56-268 62 61
info@gustizollinger.ch
www.gustizollinger.ch

Angebot

Verschiedene Tourvorschläge, beinhalten alle Pasta- oder Tortilla-Lunch. Beim Mittagshalt Möglichkeit, die Gruppe zu wechseln. Begleitfahrzeug steht bei allen Touren zur Verfügung.
Gruppenleiter im März: Franco Marvulli, mehrfacher Weltmeister.

Interrad Sportreisen

Schweiz
Standort: Cala Bona
Kontakt
Tel.: +41 (0)56 - 222 89 88
Fax: +41 (0)56- 222 89 66
info@interrad.ch
www.interrad.ch
Angebot
Touren von 60 bis 210 km, Puig Major inklusive.
Fakultatives »learning by doing«: en route Durchführung eines Fahrtechnik-Lehrgangs.
Zwischenverpflegung, Begleitfahrzeug.
Paket »Inselrundfahrt« (650 km)

KeyMove

Deutschland
Standort: Magaluf
Kontakt
Tel.: +49 (0)4121 - 907 93 15
+49 (0)173 - 902 48 16
Fax: +49 (0)4121- 907 93 16
travel@KeyMove.net
www.KeyMove.net
Angebot
8-Tage-Renntour: von Amateur-Rennfahrern bis zu kaum trainierten Einsteigern; zusätzliche Randwanderangebote.

Kolling Radsportreisen

Deutschland
Standort: Platja de Muro
Kontakt
Tel.: +49 (0)2163 - 50 05 - 55
Fax: +49 (0)2163 - 50 05 - 56
post@hw-kolling.de
www.kolling-mallorca.de
Angebot
Kleiner familiärer Anbieter. Zeit: März bis Mai. Bahn- und Straßen-Nationalmannschaft des Bundes Deutscher Radfahrer oft zu Gast.

Luxcom S.L.

Luxemburg
Standort: Alcúdia
Kontakt
Tel.: +352 (0)971 - 42 53 59
Fax: +352 (0)971 - 72 15 16
luxcom@luxcom-mallorca.com
www.luxcom-mallorca.com
Angebot
Mechaniker-Service, geführte Touren, ärztliche Betreuung. Kostenloses Lauftraining-Programm.
Ende März spezielles Angebot »Damenwoche«: Frühsport, Dehnungsübungen, Materialkunde, Training der Schalttechnik, Training der Steuertechnik und der Bremstechnik.
Seit März 2006 Möglichkeit, an dem Trainingscamp für Triathleten teilzunehmen.

Mallorca-Biketours C.B.

Spanien/Deutschland
Standort: Cala Rajada
Kontakt
Tel.: +34 (0)971- 819 350
info@m-bike.com
www.mallorca-biketours.com
Angebot
Pionier im Bereich MTB-Tourenprogramme, fernab vom Massentourismus. Jugendliche Atmosphäre. Zielgruppe: vom sportlichen Radfahrer bis hin zum Könner.
Fahrtechnikwochenenden und Tour auf die Vulkaneifel mit Start und Ziel in Prym im Juli; Mallorca-Durchquerung im April bzw. im Oktober.

Mallorcabiking Elmeerado

Spanien/Deutschland

Standorte

Can Picafort, Alcúdia, Sa Coma

Kontakt

Tel.: +34 (0)971-850 799
info@elmeerado.com
www.mallorcabiking.com

Angebot

Bikestation in Can Picafort ganzjährig geöffnet; Indoor-Cycling Center vorhanden.
Täglich bis zu drei geführte Touren für Trekkingrad und/oder Mountainbike; von Naturerlebnis bis zur Wettkampfvorbereitung.
Segeln & Biken-Tour: auf Segelyacht wohnen, von da aus MTB-Touren starten.

Mallorca Sportiv

Deutschland

Standort: Alcúdia

Kontakt

Tel.: +49 (0)2602-950 81 20
Fax: +49 (0)2602-950 81 15
service@mallorca-sportiv.de
www.mallorca-sportiv.de

Angebot

Kleiner und flexibler Veranstalter.
Angebote für allerlei Zielgruppen: Trainingswochen, Team-Trainingswochen, Rennrad-»Lady-weeks«, Schüler- und Jugend-Trainingscamp, Rennrad-»Senioren-Woche«. Auch MTB-Touren und Triathlon-Trainingscamp.

Outdoor People

Deutschland/Spanien

Kontakt

Tel: +34 (0)606-353 817
info@outdoor-people.com
www.outdoor-people.com

Angebot

Outdoor-Sport-Agentur, organisiert individuelle Programme für Einzel- und Firmenkunden. Je nach Standort des Kunden, Ausarbeitung von passendem Tourenplan in entsprechender Umgebung; MTB, Rennrad, Radwandern, Trekking, Kayaking und Team-Building für Firmen.

Philipp's Bike Point Team

Schweiz

Standorte

Magaluf, Peguera

Kontakt

Tel.: +49 (0)521-136 00 30
Fax: +49 (0)521-136 00 31
info@radferien-mallorca.com
www.radsport-mallorca.de

Angebot

S'Illot: 05.02. / 04.06. – 10.09. / 15.10. Vollprogramm (Radsport und Radwandern). In der Zwischensaison noch Radfahrer-Stammtisch und Werkstatt. Radfernfahrt Basel–Mallorca im September.
Magaluf: Fünf geführte Touren pro Woche in sieben verschiedenen Stärkeklassen und ein komplettes Programm.
Peguera: Infrastruktur für einen Individual-Radfahrurlaub.

Pro. Training Tours GmbH

Deutschland

Standort: Can Picafort

Kontakt

Tel.: +49 (0)6257-93 21 0
Fax: +49 (0)6257-93 21 21
info@protrainingtours.de
www.protrainingtours.de

Angebot

Jung-dynamische Betreuer-Crew. Radsportraum mit direktem Zugang ins Freie, Mietradstation, Servicewerkstatt und Bike-Shop. Im März und April Radtraining mit Service und Betreuung, geführte Touren nur ab Mitte März.

Rad International GmbH

Deutschland

Camp de Mar, Peguera, Santa Ponsa

Kontakt

Tel.: +49 (0)721-9414 287

Fax: +49 (0)721-9414 288

webmaster@rad-international.de

www.rad-international.de

Angebot

Ganzjährig Radsportreisen und Radvermietung. Im Frühjahr und Herbst geführte Gruppentouren, im Rahmen von Rennradtraining (Strecken zwischen 60 und 150 km, bei guter Kondition auch darüber), Mountainbiking (Strecken bis zu 50 km in bergigem Gelände in kleinen Gruppen) und Radwandern.

Radsport Krapf AG

Schweiz

Standort: Alcúdia

Kontakt

Tel.: +41 (0)71 424 22 00

Fax: +41 (0)71 424 22 01

info@radsport-krapf.ch

www.radsport-krapf.ch

Angebot

2 Wochen Rennrad – Angebot, Ende März–Anfang April.

Leistungsgruppen auch »for Ladies«. Eine der zwei Wochen mit Nordic Walking verbunden.

Sauerland Team

Deutschland

Standort: Cala Rajada

Kontakt

Tel.: +49 (0)212-58 69 77

P_R-Sauerland@t-online.de

www.sauerland-team.de

Angebot

Geführte Radtouren, verschiedene Leistungsgruppen; Radmechaniker gegen Entgelt. Möglichkeit Leistungdiagnostik (Ermittlung der Herz-Kreislauf-Funktion, der motorischen Leistungsfähigkeit ...).

Sport Event Consult

Deutschland

Kontakt

info@sporteventconsult.de

www.sporteventconsult.de

Angebot

Veranstalter von Radtrainingcamps. Verbesserung der radsportspezifischen Leistungsfähigkeit und Vermittlung von Radsport-Know-how. Für alle Kategorien.

Up and Down Tours

Deutschland

Standorte

Sóller, Pollença

Kontakt

Tel.: +49 (0)2202-24 44 05

Fax: +49 (0)2202-24 49 51

www.upanddown-tours.de

Angebot

Trainingswoche »Face Your Fear« (Bergfahren): tägliche anspruchsvolle Touren von 3,5 h bis 7 h, bis zu 160 km. Im März Rennradwoche mit zwei Leistungsniveaus (von 75 km pro Tag bis 160 km und 12 Prozent Steigung). Im Mai/Juni und Oktober MTB-Woche mit drei Niveaus (bis 2300 Hm), Frauen-MTB-Tour. Möglichkeit Videoanalyse und physiotherapeutische Betreuung.

Vamos24

Deutschland
Standorte
Sóller, Alcúdia, Esporles, Can Picafort, Sa Pobla
Kontakt
Tel.: +49 (0)2241-40 45 86
Fax: +49 (0)2241-23 26 958
info@vamos24.com
www.vamos24.com
Angebot
Sóller, Alcúdia, Esporles: MTB-Touren mit deutschsprachigem Tourguide: Gebirgsüberquerung des Tramuntana im Mai und im Oktober, Touren in Sóller, Alcúdia und Esporles im Mai und Anfang November.
Can Picafort, Alcúdia: Rennradtouren bei mittlerem Leistungsniveau; SPA, Wellness-Bereich, Fitnesscenter zur freien Benutzung.
Sa Pobla: Von 13.01. bis 17.01. geführte MTB-Trailtouren und Besuch der Fiesta »Nit bruixa«

Velo Team Mallorca

Deutschland
Standort: Platja de Palma
Kontakt
Tel.: +49 (0)7031-60 25 26
Fax: +49 (0)7031-63 18 06
mallorca@velo-team.de
www.velo-team.de
Angebot
Gruppenbetreuung von 12.03. bis 02.04.; drei bis fünf Leistungsgruppen. Ganzjährige Vermietung von Rennrädern, Trekkingrädern oder MTBs.

Velosport Team Mallorca

Spanien/Deutschland
Standorte
Platja de Palma, Can Picafort
Kontakt
Tel.: +34 (0)971-58 05 41
Fax: +34 (0)971-58 06 59
info@velosportmallorca.com
www.velosportmallorca.com
Angebot
Rad-Basis-Service oder Rad-Plus-Service (mit täglicher Tourenverpflegung).
Angebot
Platja da Palma, Can Picafort: Trainingsaufenthalt im März (in Palma auch geführte Touren) und im April.

Vuelta Rad- und Wandertouren

Deutschland
Standort: Pollença
Kontakt
Tel.: +49 (0)511-21 571 01
Fax: +49 (0)511-21 571 02
info@vuelta.de
www.vuelta.de
Angebot
Individuelle und geführte Radtouren (Rennrad, MTB, Radwandern). Steile Abschnitte können mit dem Bus überbrückt werden.

Bei Banyalbufar